듣고 말하고 쓰는 영작문 패턴 연습

초등영어 한 문장 쓰기

저자

Anne Kim

한양대에서 교육학을 전공하고 숙명여자대학교에서 TESOL 석사 학위를 받았습니다. 연령과 학습 시기에 맞는 효과적인 영어 교수법에 대한 연구를 지속적으로 진행 중이며, 그 연구 결과를 바탕으로 다양한 저서를 집필하고 강의 활동을 하고 있습니다.

대표 저서

〈초등 필수 영어표현 무작정 따라하기〉, 〈기적의 영어일기〉, 〈가장 쉬운 초등 영작문 하루 4문장 쓰기〉, 〈초등 영어 구동사 160〉 등

듣고 말하고 쓰는 영작문 패턴 연습

초등 영어 한 문장 쓰기

저자 Anne Kim
초판 1쇄 인쇄 2024년 5월 3일
초판 1쇄 발행 2024년 5월 13일

발행인 박효상 **편집장** 김현 **기획·편집** 장경희, 이한경 **디자인** 임정현

교정·교열 진행 안현진 **표지·내지 디자인** 김민정 **마케팅** 이태호, 이전희 **관리** 김태옥

종이 월드페이퍼 **인쇄·제본** 예림인쇄·바인딩 **녹음** YR미디어

출판등록 제10-1835호 **발행처** 사람in

주소 04034 서울시 마포구 양화로 11길 14-10(서교동) 3F

전화 02) 338-3555(代) **팩스** 02) 338-3545 **E-mail** saramin@netsgo.com

Website www.saramin.com

책값은 뒤표지에 있습니다. 파본은 바꾸어 드립니다.

ⓒ Anne Kim 2024

ISBN

979-11-7101-058-5 64740

979-11-7101-057-8 (set)

우아한 지적만보, 기민한 실사구시 **사람in**

어린이제품안전특별법에 의한 제품표시		
제조자명 사람in	**전화번호**	02-338-3555
제조국명 대한민국	**주 소**	서울시 마포구 양화로
사용연령 5세 이상 어린이 제품		11길 14-10 3층

듣고 말하고 쓰는 영작문 패턴 연습

초등 영어 한 문장 쓰기

Anne Kim 지음

사람in
saram
in.com

 **머리말**

듣고 따라만 써도 술술 쓸 수 있는
초등 영어 기본 문장 글쓰기!

영어 글쓰기, 왜 배워야 할까요?

우리 어린이들에게 이제 영어 학습은 언어 습득 이상으로 문화와 사회를 이해하게 하는 중요한 수단입니다. 2022년 개정된 영어 교육과정에서는 '말하기, 쓰기, 제시하기'를 미래 세대가 반드시 익혀야 할 핵심 역량으로 강조하고 있습니다. 따라서, 주어진 상황과 목적에 맞게 자신의 감정이나 의견을 글로 표현하는 능력은 이제 선택이 아닌 필수입니다.

영어 문장 쓰기, 무엇부터 시작해야 할까요?

처음에는 자신에게 맞는 간단하고 쉬운 문장부터 시작하는 것이 좋습니다. 글쓰기는 철자, 구두법, 문법 등을 모두 고려해야 하는 복잡한 과정입니다. 그렇기 때문에 어려운 문장부터 시작하면 영작문에 익숙해지기도 전에 지칠 수 있습니다. 따라서 처음 영어 글쓰기를 시작할 때는 기본적인 문장부터 시작하여 문장 구조에 익숙해지는 것이 중요합니다.

어떻게 재미있게 학습할 수 있을까요?

이 책은 다양한 활동을 통해 문장을 재미있게 학습할 수 있도록 구성되어 있습니다. 단순히 단어를 교체하는 패턴 학습이 아니라 문장의 기본 구조를 시각화한 것이 특징입니다. 이를 통해 문장을 만들 때 꼭 알아야 할 핵심 문법을 이해하며 학습할 수 있습니다. 또한 받아쓰기 연습을 통해 철자뿐만 아니라 듣기 능력도 함께 향상시킬 수 있습니다.

매일 영어 글쓰기 연습을 시작해 보세요!

글쓰기는 자기 생각을 정리하고, 감정과 의견을 다른 사람에게 전달하는 중요한 도구입니다. 영어로 글을 쓸 수 있으면 세계와 소통의 창을 열 수 있습니다. 이 책을 통해 영작문의 첫걸음을 시작하는 모든 학생들이 자신감을 가지고 영어 문장을 유창하게 작성할 수 있기를 바랍니다.

그럼, 영작문 세계로의 여행을 함께 떠나 볼까요?

Anne Kim

이 책의 구성

<초등 영어 한 문장 쓰기>는 초등 기본 영문장들로 탄탄한 영작문 기초를 다지면서 듣기까지 연습할 수 있도록 구성되어 있어요.

본문 구성

각 step을 따라 영문장 쓰기를 차례대로 연습합니다.

Step 0 패턴 이해하기

Unit에서 연습하게 될 패턴을 설명해 줍니다.

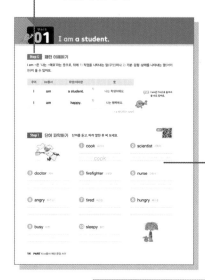

Step 1 단어 파악하기

본격적인 패턴 문장 연습 전에 알아 두면 도움이 될 단어나 표현들을 듣고, 따라 말하고, 쓰면서 체화합니다.

Step 2 패턴 문장 뼈대 잡기

Unit에서 익힐 패턴을 듣기와 함께 다양한 유형으로 연습합니다.
A 나열된 표현 덩어리(Chunk)를 연결해 써서 한 문장을 만듭니다.
B 듣고 빈칸을 채우며 패턴을 익힙니다.

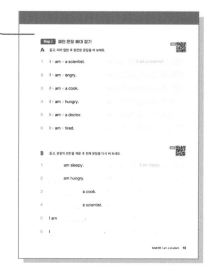

Step 3 패턴 문장 만들기

Unit에서 익힌 패턴을 듣기와 함께 복습하며 점검합니다.
A 주어진 단어나 표현을 알맞게 배열해 제대로 된 문장을 써 봅니다.
B 패턴을 제대로 이해했는지 한글을 보고 영문장을 직접 써 봅니다.

Review Test

Unit 몇 개씩을 묶어서 비슷한 유형의 패턴을 한 번 더 복습합니다.

정답 및 해석

각 Unit과 Review Test 문제의 답과 해석을 제시합니다.

차례 및 학습 진도표

공부한 날 표시하기

Part 1	Unit 01 ___월___일	Unit 02 ___월___일	Unit 03 ___월___일	Unit 04 ___월___일	Unit 05 ___월___일	Review 01 ___월___일
	Unit 06 ___월___일	Unit 07 ___월___일	Unit 08 ___월___일	Unit 09 ___월___일	Unit 10 ___월___일	Review 02 ___월___일
	Unit 11 ___월___일	Unit 12 ___월___일	Unit 13 ___월___일	Unit 14 ___월___일	Unit 15 ___월___일	Review 03 ___월___일
Part 2	Unit 01 ___월___일	Unit 02 ___월___일	Unit 03 ___월___일	Unit 04 ___월___일	Unit 05 ___월___일	Review 04 ___월___일
	Unit 06 ___월___일	Unit 07 ___월___일	Unit 08 ___월___일	Unit 09 ___월___일	Unit 10 ___월___일	Review 05 ___월___일
Part 3	Unit 01 ___월___일	Unit 02 ___월___일	Unit 03 ___월___일	Review 06 ___월___일		
Part 4	Unit 01 ___월___일	Unit 02 ___월___일	Unit 03 ___월___일	Unit 04 ___월___일	Review 07 ___월___일	
Part 5	Unit 01 ___월___일	Unit 02 ___월___일	Unit 03 ___월___일	Review 08 ___월___일		
	Unit 04 ___월___일	Unit 05 ___월___일	Unit 06 ___월___일	Unit 07 ___월___일	Review 09 ___월___일	
Part 6	Unit 01 ___월___일	Unit 02 ___월___일	Unit 03 ___월___일	Review 10 ___월___일		
	Unit 04 ___월___일	Unit 05 ___월___일	Unit 06 ___월___일	Review 11 ___월___일		
Part 7	Unit 01 ___월___일	Unit 02 ___월___일	Unit 03 ___월___일	Unit 04 ___월___일	Unit 05 ___월___일	Review 12 ___월___일
	Unit 06 ___월___일	Unit 07 ___월___일	Unit 08 ___월___일	Unit 09 ___월___일	Unit 10 ___월___일	Unit 11 ___월___일 / Review 13 ___월___일

문장 쓰기 기초 다지기

1 8품사

영어 단어를 그 역할에 따라 8개로 정리한 거예요. 동사, 명사, 대명사, 형용사, 부사, 전치사, 접속사, 감탄사 등이 바로 8품사예요. 용어가 낯설어 다소 어렵게 느껴질 수도 있지만, 예시 단어들을 함께 보면 이해가 좀 더 쉬울 거예요.

동사(verbs)
행동이나 상태를
나타내는 단어들

예 laugh 웃다, cry 울다,
fly 날다, jump 뛰다,
think 생각하다

명사(nouns)
사람, 동물, 장소, 물건 등의
이름을 나타내는 단어들

예 baby 아기, duck 오리,
bag 가방, love 사랑,
Tom 톰, Korea 한국

대명사(pronouns)
명사를 대신하는 단어들

예 I 나, you 당신/당신들,
he 그, she 그녀,
they 그들, we 우리,
it 그것

형용사(adjectives)
명사나 대명사를
꾸미는 단어들

예 good 좋은,
cute 귀여운, small 작은,
many 많은

8품사

부사(adverbs)
형용사나 동사, 부사를
꾸미는 단어들

예 fast 빠르게,
slowly 천천히, often 자주,
every day 매일

전치사(prepositions)
명사 앞에 와서 시간, 장소,
방향 등을 나타내는 단어들

예 in ~ 안에, on ~ 위에,
under ~ 아래에

접속사(conjunctions)
단어와 단어, 구와 구,
문장과 문장을
연결하는 단어들

예 and 그리고,
but 그러나, or 또는

감탄사(interjections)
놀라움이나 감탄을
나타내는 단어들

예 Hurrah! 만세!,
Aha! 아하!, Ouch! 아야!

관사(article)	a/an, the

관사는 명사 앞에 와서 명사의 의미를 한정시켜 주는 역할을 해요. 관사는 a/an과 the로 나눌 수 있어요.

- **a/an (하나의): 정해지지 않은 부정 어떤 하나를 말할 때 써요.** 부정관사

  a dog 강아지 한 마리

  an orange 오렌지 한 개 (발음이 모음으로 시작하는 명사 앞에는 an을 써요.)

  ex) **I want a dog.** 나는 강아지를 하나 원해요. (정해지지 않은 강아지)

- **the (그): 정해진 것을 말할 때 써요.** 정관사

  the dog 그 강아지

  ex) **I like the dog.** 나는 그 강아지를 좋아해요. (어떤 특정한 강아지)

2 ✏️ 문장

1) 단어 의미를 가진 가장 작은 단위예요.

love	happy	slowly	and
사랑하다	행복한	천천히	그리고

my	aha	school	in
나의	아하	학교	~ 안에

2) 구 단어와 단어가 2개 이상 모인 의미 단위예요.

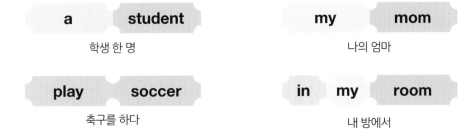

a student
학생 한 명

my mom
나의 엄마

play soccer
축구를 하다

in my room
내 방에서

3) 문장 주어와 동사로 이루어진 것을 말하는데, 의사소통의 기본 단위가 돼요.

I   am   a   student.   나는 학생이에요.
주어 동사

I   eat   breakfast   every day.   나는 매일 아침을 먹어요.
주어 동사

3 문장의 종류와 구두점(punctuation)

문장의 종류에는 평서문, 의문문, 명령문, 감탄문 등이 있어요. 문장의 종류에 따라 끝에 마침표(.)나 물음표(?), 느낌표(!)를 맞게 써야 해요.

1) 평서문 '주어 + 동사'의 순서로 사실을 그대로 전하는 문장으로, 끝에 마침표(.)를 붙여요.
평서문에는 긍정문과 부정문이 있어요.

• **긍정문**: '…는 ~이다', '…는 ~한다'라는 긍정을 나타내요.

| I | eat | breakfast | every day. |

나는 매일 아침을 먹어요.

• **부정문**: 부정어 not을 붙여 '…는 ~이 아니다', '…는 ~하지 않는다'라는 부정을 나타내요.

| I | don't (= do not) | eat | broccoli. |

나는 브로콜리를 먹지 않아요.

2) 의문문 질문을 나타내는 문장으로, 끝에 물음표(?)를 붙여요.

| Do | you | eat | breakfast | every day? |

당신은 매일 아침을 먹나요?

3) 명령문 명령, 지시, 요청 등을 나타내는 문장이에요.
긍정 명령문은 동사원형으로 시작하고, 부정 명령문은 Don't로 시작해요.

| Open | the | door. |

문을 열어라.

| Don't | close | the | window. |

창문을 닫지 마세요.

4) 감탄문 놀람이나 감탄을 나타내는 문장으로, 끝에 느낌표(!)를 붙여요.

| What | a | nice | day! |

정말 좋은 날이네요!

be동사 패턴 문장 쓰기

미리 알아두기 **be동사의 형태를 익혀요!**

'나는 학생이에요.', '나는 행복해요.'는
영어로 I am a student.와 I am happy.라고 하는데,
이렇게 직업(신분)이나 감정을 나타낼 때
be동사를 써서 표현할 수 있어요.
이때, be동사는 주어에 따라 am/are/is로 달라져요.
표를 여러 번 보면서 익혀 보세요.

주어(누가)	be동사(~이다)
I(나는)	am
You(너는, 너희들은)	are
We(우리는)	are
They(그들은, 그것들은)	are
He(그는)	is
She(그녀는)	is
It(그것은)	is

Unit 01

I am a student.

Step 0 패턴 이해하기

I am ~은 '나는 ~예요'라는 뜻으로, 뒤에 1) 직업을 나타내는 말(무엇)이나 2) 기분·감정·상태를 나타내는 말(어떠한)이 올 수 있어요.

주어	be동사	무엇/어떠한	뜻
I	am	a student. ¹⁾	나는 학생이에요.
I	am	happy. ²⁾	나는 행복해요.

I am은 I'm으로 줄여서 쓸 수도 있어요.

* a 하나의(= one)

Step 1 단어 파악하기   단어를 듣고, 따라 말한 후 써 보세요.

001

1 cook 요리사

cook

2 scientist 과학자

3 doctor 의사

4 firefighter 소방관

5 nurse 간호사

6 angry 화가 난

7 tired 피곤한

8 hungry 배고픈

9 busy 바쁜

10 sleepy 졸린

A 듣고, 따라 말한 후 완전한 문장을 써 보세요.

1 I + am + a scientist. ⇨ *I am a scientist.*

2 I + am + angry. ⇨

3 I + am + a cook. ⇨

4 I + am + hungry. ⇨

5 I + am + a doctor. ⇨

6 I + am + tired. ⇨

B 듣고, 문장의 빈칸을 채운 후 전체 문장을 다시 써 보세요.

1 _____ am sleepy. ⇨ *I am sleepy.*

2 _____ am hungry. ⇨

3 _____ a cook. ⇨

4 _____ a scientist. ⇨

5 I am _____ . ⇨

6 I _____ . ⇨

A 주어진 말을 바르게 배열해 문장을 완성하세요. 듣고, 문장 확인 후 뜻을 써 보세요.

004

1 am / hungry / I ⇨ I am hungry.

나는 배가 고파요.

2 I / angry / am ⇨

3 am / a cook / I ⇨

4 am / I / a scientist ⇨

5 I / a doctor / am ⇨

6 I / tired / am ⇨

B 그림을 보고, 아래에서 알맞은 단어를 골라 문장을 써 보세요.

나는 소방관이에요.
나는 바빠요.

| busy | angry | hungry | firefighter | doctor | cook |

CHECK! CHECK! ☑ ☐ 첫 글자는 대문자로 썼나요?   ☐ 구두점을 찍었나요?   ☐ 단어와 단어 사이는 띄어 썼나요?

Unit 02 You are a runner.

Step 0 패턴 이해하기

You are ~는 '당신은 ~예요'라는 뜻으로, 뒤에 1) 신분을 나타내는 말(무엇)이나 2) 성격이나 상태를 나타내는 말(어떠한)이 올 수 있어요. You는 '너, 당신'처럼 한 명을 뜻하기도 하고, '너희들, 당신들'처럼 여러 명을 나타내기도 해요.

주어	be동사	무엇/어떠한	뜻
You	are	a runner. 1)	당신은 달리기 선수예요.
You	are	fast. 2)	당신은 빨라요.

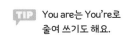 You are는 You're로 줄여 쓰기도 해요.

* fast 빠른

Step 1 단어 파악하기 단어를 듣고, 따라 말한 후 써 보세요.

005

1 singer 가수
_____
_____

2 comedian 코미디언
_____
_____

3 police officer 경찰관
_____
_____

4 writer 작가
_____
_____

5 soccer player 축구 선수
_____
_____

6 smart 똑똑한
_____
_____

7 funny 웃긴
_____
_____

8 brave 용감한
_____
_____

9 strong 강한, 센
_____
_____

10 special 특별한
_____
_____

A 듣고, 따라 말한 후 완전한 문장을 써 보세요.

1 You + are + a writer. ⇨

2 You + are + smart. ⇨

3 You + are + a police officer. ⇨

4 You + are + brave. ⇨

5 You + are + a soccer player. ⇨

6 You + are + strong. ⇨

B 듣고, 문장의 빈칸을 채운 후 전체 문장을 다시 써 보세요.

1 _____ are a soccer player. ⇨

2 _____ are strong. ⇨

3 _____ a comedian. ⇨

4 _____ funny. ⇨

5 You are _____ . ⇨

6 You _____ . ⇨

A 주어진 말을 바르게 배열해 문장을 완성하세요. 듣고, 문장 확인 후 뜻을 써 보세요.

1 are / brave / You ⇨ _____

_____

2 You / a singer / are ⇨ _____

_____

3 are / a comedian / You ⇨ _____

_____

4 are / You / a police officer ⇨ _____

_____

5 You / a writer / are ⇨ _____

_____

6 You / smart / are ⇨ _____

_____

B 그림을 보고, 아래에서 알맞은 단어를 골라 문장을 써 보세요.

당신은 작가예요.
당신은 특별해요.

_____

_____

| smart | funny | special | comedian | soccer player | writer |

CHECK! CHECK! ☐ 첫 글자는 대문자로 썼나요?   ☐ 구두점을 찍었나요?   ☐ 단어와 단어 사이는 띄어 썼나요?

Unit 03 She is my aunt.

Step 0 패턴 이해하기

She[He] is ~는 '그녀는[그는] ~예요'라는 뜻으로, 뒤에 주어가 어떤 사람인지 나타내는 말이 올 수 있어요.

주어	be동사	무엇	뜻
She	is	my aunt.	그녀는 나의 이모/고모예요.
He	is	my uncle.	그는 나의 삼촌이에요.

 TIP She[He] is는 She's[He's]로 줄여서 쓰기도 해요.

* my 나의

Step 1 단어 파악하기   단어를 듣고, 따라 말한 후 써 보세요.

009

1 **mother** 엄마 (= mom)

2 **father** 아빠 (= dad)

3 **sister** 언니/누나/여동생

4 **brother** 형/오빠/남동생

5 **aunt** 이모/고모/숙모

6 **grandmother**
할머니 (= grandma)

7 **grandfather**
할아버지 (= grandpa)

8 **nephew**
남자 조카

9 **niece** 여자 조카

10 **cousin** 사촌

A 듣고, 따라 말한 후 완전한 문장을 써 보세요.

1 She + is + my mother. ⇨

2 He + is + my father. ⇨

3 She + is + my aunt. ⇨

4 He + is + my uncle. ⇨

5 She + is + my grandmother. ⇨

6 He + is + my grandfather. ⇨

B 듣고, 문장의 빈칸을 채운 후 전체 문장을 다시 써 보세요.

1 _____ is my mother. ⇨

2 _____ is my father. ⇨

3 _____ my sister. ⇨

4 _____ my brother. ⇨

5 She is _____ . ⇨

6 He _____ . ⇨

A 주어진 말을 바르게 배열해 문장을 완성하세요. 듣고, 문장 확인 후 뜻을 써 보세요.

1 is / She / my mother ⇨

....

2 He / my father / is ⇨

....

3 my aunt / She / is ⇨

....

4 is / my uncle / He ⇨

....

5 She / my niece / is ⇨

....

6 is / He / my nephew ⇨

....

B 그림을 보고, 아래에서 알맞은 단어를 골라 문장을 써 보세요.

그는 내 사촌이에요.
그는 똑똑해요.

....

....

| aunt | cousin | niece | smart | nephew | funny |

CHECK! CHECK! ☐ 첫 글자는 대문자로 썼나요? ☐ 구두점을 찍었나요? ☐ 단어와 단어 사이는 띄어 썼나요?

Unit 04 They are my friends.

Step 0 | 패턴 이해하기

They[We] are ~는 '그들은[우리는] ~예요/~에 있어요'라는 뜻으로, 뒤에 1) 사람, 동물, 사물을 나타내는 말(무엇)이나 2) 장소를 나타내는 말(어디에)이 올 수 있어요.

주어	be동사	무엇/어디에	뜻
They	are	my friends. 1)	그들은 나의 친구들이에요.
They	are	in the music room. 2)	그들은 음악실에 있어요.

* in ~에

TIP They[We] are는 They're[We're]로 줄여 쓰기도 해요.

Step 1 | 단어 파악하기 단어를 듣고, 따라 말한 후 써 보세요.

013

1 children 아이들

2 teacher 선생님

3 neighbor 이웃

4 family 가족

5 classmate 반 친구

6 garden 정원

7 teachers' room 교무실

8 library 도서관

9 living room 거실

10 classroom 교실

A 듣고, 따라 말한 후 완전한 문장을 써 보세요.

1 They + are + my neighbors. ⇨

2 They + are + in the garden. ⇨

3 They + are + my children. ⇨

4 They + are + in the library. ⇨

5 We + are + classmates. ⇨

6 We + are + in the classroom. ⇨

B 듣고, 문장의 빈칸을 채운 후 전체 문장을 다시 써 보세요.

1 _____ are my teachers. ⇨

2 _____ are in the teachers' room. ⇨

3 _____ my friends. ⇨

4 _____ in the music room. ⇨

5 We are _____. ⇨

6 We are _____. ⇨

Step 3 패턴 문장 만들기

016

A 주어진 말을 바르게 배열해 문장을 완성하세요. 듣고, 문장 확인 후 뜻을 써 보세요.

1 my classmates / They / are ⇨

2 in the music room / are / They ⇨

3 are / my children / They ⇨

4 They / in the library / are ⇨

5 friends / are / We ⇨

6 are / in the garden / We ⇨

B 그림을 보고, 아래에서 알맞은 단어나 표현을 골라 문장을 써 보세요.

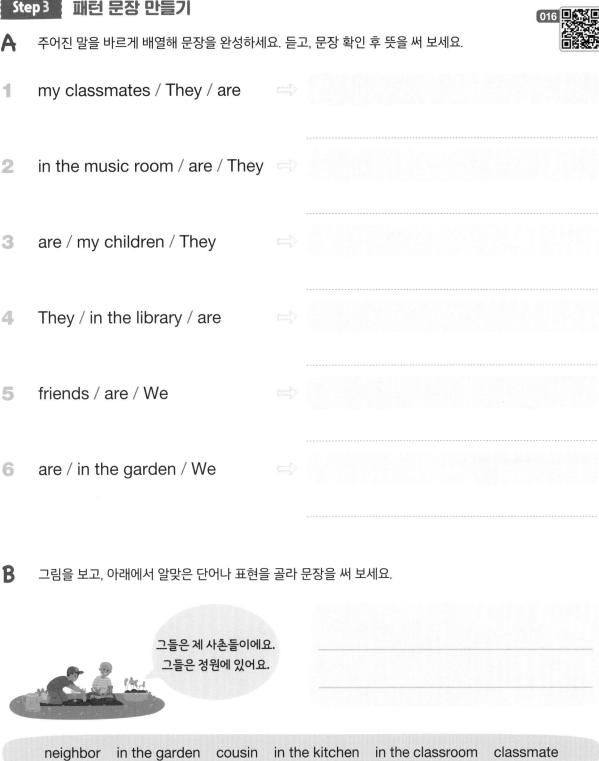

그들은 제 사촌들이에요.
그들은 정원에 있어요.

neighbor   in the garden   cousin   in the kitchen   in the classroom   classmate

CHECK! CHECK! ☐ 첫 글자는 대문자로 썼나요?   ☐ 구두점을 찍었나요?   ☐ 단어와 단어 사이는 띄어 썼나요?

Unit 05 This is my dog.

Step 0 패턴 이해하기

This is ~는 '이것은[이 사람은] ~예요'라는 뜻으로, 가까이 있는 사람이나 동물 또는 사물을 가리키며 설명할 때 쓸 수 있어요. This is를 다시 말할 때 This가 나타내는 것이 사물인 경우는 It is ~(그것은 ~예요), 동물인 경우는 성별에 따라 He[She] is ~라고 쓸 수 있어요.

주어	be동사	무엇	뜻
This	is	my dog.	이것은 나의 강아지예요.
He	is	cute.	그는 귀여워요.

* cute 귀여운

Step 1 단어 파악하기 단어를 듣고, 따라 말한 후 써 보세요.

017

1 hamster 햄스터

_____

2 rabbit 토끼

_____

3 fish 물고기

_____

4 turtle 거북이

_____

5 parrot 앵무새

_____

6 small 작은

_____

7 fluffy 털이 북슬북슬한

_____

8 colorful 형형색색의

_____

9 slow 느린

_____

10 talkative 수다스러운

_____

A 듣고, 따라 말한 후 완전한 문장을 써 보세요.

1 This + is + my hamster. ⇨

2 He + is + small. ⇨

3 This + is + my rabbit. ⇨

4 She + is + fluffy. ⇨

5 This + is + my fish. ⇨

6 He + is + colorful. ⇨

B 듣고, 문장의 빈칸을 채운 후 전체 문장을 다시 써 보세요.

1 _____ is my dog. ⇨

2 _____ is cute. ⇨

3 _____ my turtle. ⇨

4 _____ slow. ⇨

5 This is _____ . ⇨

6 He _____ . ⇨

A 주어진 말을 바르게 배열해 문장을 완성하세요. 듣고, 문장 확인 후 뜻을 써 보세요.

020

1 is / This / my hamster ⇨

_____

2 cute / She / is ⇨

_____

3 my rabbit / is / This ⇨

_____

4 is / fluffy / He ⇨

_____

5 is / my fish / This ⇨

_____

6 colorful / is / She ⇨

_____

B 그림을 보고, 아래에서 알맞은 단어나 표현을 골라 문장을 써 보세요.

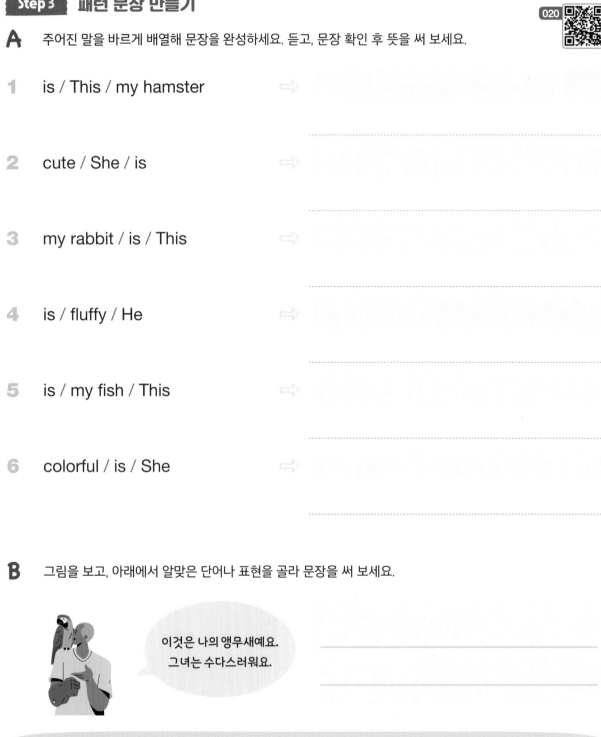

이것은 나의 앵무새예요.
그녀는 수다스러워요.

_____

_____

my rabbit   colorful   my parrot   small   my hamster   talkative

CHECK!
CHECK!   ☐ 첫 글자는 대문자로 썼나요?   ☐ 구두점을 찍었나요?   ☐ 단어와 단어 사이는 띄어 썼나요?

A 우리말 뜻을 보고, 주어진 철자를 배열해 단어를 바르게 써 보세요.

1 요리사 o c o k

cook

2 도서관 r i l b a r y

3 토끼 a r b i b t

4 느린 l s w o

B 그림을 보고, <보기>에서 알맞은 문장을 골라 써 보세요.

1 I am a scientist.

2

3

4

5

보기

This is my parrot.　　They are in the garden.
I am a scientist.　　You are a writer.　　He is my brother.

C 주어진 말을 바르게 배열해 문장을 완성하세요.

1 talkative / He / is ⇨ He is talkative.

2 are / my children / They ⇨

3 my mother / She / is ⇨

4 a singer / are / You ⇨

5 busy / I / am ⇨

D 문장의 우리말 뜻을 보고, <u>틀린</u> 부분을 찾아 알맞게 고쳐 보세요.

1 i are A firefighter. ⇨ I am a firefighter.
나는 소방관이에요.

2 you Is sTrong. ⇨
당신은 강해요.

3 she Are My aunt. ⇨
그녀는 내 이모예요.

4 this am my Fish. ⇨
이것은 내 물고기예요.

5 they is in the Garden. ⇨
그들은 정원에 있어요.

6 he Am In the classroom. ⇨
우리는 교실에 있어요.

Unit 06 I am not cold.

Step 0 패턴 이해하기

I am not ~은 '나는 ~하지 않아요'라는 뜻이에요. I am ~을 부정문으로 만들 때는 이렇게 am 다음에 부정어 not을 쓰면 돼요.

주어	be동사 + not	어떠한	뜻
I	am not	cold.	나는 춥지 않아요.

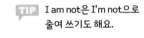

TIP I am not은 I'm not으로 줄여 쓰기도 해요.

* cold 추운

Step 1 단어 파악하기 단어를 듣고, 따라 말한 후 써 보세요.

021

1 hot 더운

2 sad 슬픈

3 scared 무서운

4 bored 지루한

5 worried 걱정스러운

6 fine 괜찮은

7 thirsty 목마른

8 full 배부른

9 upset 기분이 상한

10 hurt 다친

A 듣고, 따라 말한 후 완전한 문장을 써 보세요.

1 I + am + not + sad. ⇨

2 I + am + not + hot. ⇨

3 I + am + not + scared. ⇨

4 I + am + not + worried. ⇨

5 I + am + not + fine. ⇨

6 I + am + not + thirsty. ⇨

B 듣고, 문장의 빈칸을 채운 후 전체 문장을 다시 써 보세요.

1 I ___ not full. ⇨

2 I ___ thirsty. ⇨

3 I ___. ⇨

4 ___ scared. ⇨

5 I am ___. ⇨

6 I ___. ⇨

패턴 문장 만들기

A 주어진 말을 바르게 배열해 문장을 완성하세요. 듣고, 문장 확인 후 뜻을 써 보세요.

1 not / am / I / cold   ⇨

2 scared / I / am / not   ⇨

3 bored / I / am / not   ⇨

4 am / not / I / fine   ⇨

5 thirsty / not / am / I   ⇨

6 not / am / I / full   ⇨

B 그림을 보고, 아래에서 알맞은 단어를 골라 문장을 써 보세요.

나는 다치지 않았어요.
나는 기분 상하지 않았어요.

hurt   full   upset   scared   fine   thirsty

CHECK!
CHECK!   ☐ 첫 글자는 대문자로 썼나요?   ☐ 구두점을 찍었나요?   ☐ 단어와 단어 사이는 띄어 썼나요?

Unit 07 You are not short.

You are not ~은 '당신은 ~하지 않아요'라는 뜻으로 상태를 나타낼 때도 써요. You are ~의 부정문은 are 뒤에 부정어 not을 써서 만들어요.

주어	be동사 + not	어떠한	뜻
You	are not	short.	당신은 작지 않아요.

> **TIP** You are not은 You're not 또는 You aren't로 줄여 쓰기도 해요.

* short 키가 작은

Step 1 단어 파악하기   단어를 듣고, 따라 말한 후 써 보세요.

025

1 afraid 두려운

2 excited 신난

3 dirty 더러운

4 clean 깨끗한

5 confident 자신 있는

6 noisy 시끄러운

7 quiet 조용한

8 shy 수줍은

9 creative 창의적인

10 stupid 어리석은

A 듣고, 따라 말한 후 완전한 문장을 써 보세요.

1 You + are + not + afraid. ⇨

2 You + are + not + excited. ⇨

3 You + are + not + dirty. ⇨

4 You + are + not + clean. ⇨

5 You + are + not + noisy. ⇨

6 You + are + not + quiet. ⇨

B 듣고, 문장의 빈칸을 채운 후 전체 문장을 다시 써 보세요.

1 You _____ confident. ⇨

2 _____ clean. ⇨

3 You are _____. ⇨

4 You _____ stupid. ⇨

5 You are _____. ⇨

6 You _____. ⇨

A 주어진 말을 바르게 배열해 문장을 완성하세요. 듣고, 문장 확인 후 뜻을 써 보세요.

1 are / shy / You / not ⇨

----

2 not / You / clean / are ⇨

----

3 noisy / not / are / You ⇨

----

4 You / are / quiet / not ⇨

----

5 excited / not / You / are ⇨

----

6 short / not / are / You ⇨

B 그림을 보고, 아래에서 알맞은 단어를 골라 문장을 써 보세요.

당신은 어리석지 않아요.
당신은 창의적이에요.

| creative | clean | quiet | noisy | stupid | dirty |

CHECK! CHECK! ☐ 첫 글자는 대문자로 썼나요?   ☐ 구두점을 찍었나요?   ☐ 단어와 단어 사이는 띄어 썼나요?

Unit 08 He is not in the classroom.

Step 0 패턴 이해하기

He[She] is not ~은 '그는[그녀는] ~이 아니에요/~에 없어요'라는 뜻이에요. He[She] is ~의 부정문은 is 뒤에 부정어 not을 써서 부정문으로 만들어요.

주어	be동사 + not	어디에	뜻
He	is not	in the classroom.	그는 교실에 없어요.

TIP He[She] is not은 He isn't, She isn't로 줄여 쓰기도 해요.

Step 1 단어 파악하기 단어를 듣고, 따라 말한 후 써 보세요.

029

① pool 수영장

② art room 미술실

③ music room 음악실

④ science lab 과학실

⑤ gym 체육관

⑥ principal's office 교장실

⑦ computer room 컴퓨터실

⑧ restroom (공공장소의) 화장실

⑨ cafeteria 구내식당

A 듣고, 따라 말한 후 완전한 문장을 써 보세요.

1 He + is + not + in the computer room. ⇨

2 She + is + not + in the music room. ⇨

3 He + is + not + in the restroom. ⇨

4 She + is + not + in the art room. ⇨

5 He + is + not + in the science lab. ⇨

6 She + is + not + in the gym. ⇨

B 듣고, 문장의 빈칸을 채운 후 전체 문장을 다시 써 보세요.

1 He _____ in the classroom. ⇨

2 She _____ the principal's office. ⇨

3 He is not _____ . ⇨

4 She _____ in the pool. ⇨

5 He is _____ the gym. ⇨

6 She _____ the art room. ⇨

Step 3 패턴 문장 만들기

A 주어진 말을 바르게 배열해 문장을 완성하세요. 듣고, 문장 확인 후 뜻을 써 보세요.

1 not / is / He / in the science lab ⇨

------

2 He / not / in the computer room / is ⇨

------

3 is / not / in the music room / He ⇨

------

4 She / not / in the classroom / is ⇨

------

5 not / is / in the pool / She ⇨

------

6 in the art room / is / She / not ⇨

B 그림을 보고, 아래에서 알맞은 단어나 표현을 골라 문장을 써 보세요.

그녀는 음악실에 없어요.
그녀는 구내식당에 없어요.

------

playground   music room   art room   gym   cafeteria   principal's room

CHECK! CHECK! ☐ 첫 글자는 대문자로 썼나요?   ☐ 구두점을 찍었나요?   ☐ 단어와 단어 사이는 띄어 썼나요?

Unit 09

They are not at the bakery.

Step 0 **패턴 이해하기**

They[We] are not ~은 '그들은[우리는] ~이 아니에요/~에 없어요'라는 뜻이에요. They[We] are ~의 부정문은
are 뒤에 부정어 not을 넣어 만들어요.

주어	be동사 + not	어디에	뜻
They	are not	at the bakery.	그들은 빵집에 없어요.

* at ~에

TIP They[We] are not은
They aren't, We aren't으로
줄여 쓰기도 해요.

Step 1 **단어 파악하기** 단어를 듣고, 따라 말한 후 써 보세요.

033

1 mall 쇼핑몰

2 theater 극장

3 café 카페

4 restaurant 식당

5 museum 박물관

6 post office 우체국

7 police station 경찰서

8 fire station 소방서

9 toy store 장난감 가게

10 shoe store 신발 가게

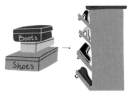

A 듣고, 따라 말한 후 완전한 문장을 써 보세요.

1 They + are + not + at the police station. ⇨

2 They + are + not + at the post office. ⇨

3 They + are + not + at the café. ⇨

4 We + are + not + at the restaurant. ⇨

5 We + are + not + at the museum. ⇨

6 We + are + not + at the theater. ⇨

B 듣고, 문장의 빈칸을 채운 후 전체 문장을 다시 써 보세요.

1 They _____ not at the mall. ⇨

2 They _____ at the post office. ⇨

3 _____ at the restaurant. ⇨

4 We _____ at the café. ⇨

5 We are _____ police station. ⇨

6 _____ at the fire station. ⇨

A 주어진 말을 바르게 배열해 문장을 완성하세요. 듣고, 문장 확인 후 뜻을 써 보세요.

036

1 are / not / They / at the post office ⇨

....

2 We / not / are / at the museum ⇨

....

3 are / at the restaurant / not / They ⇨

....

4 not / at the toy store / We / are ⇨

....

5 We / not / at the fire station / are ⇨

....

6 at the shoe store / They / are / not ⇨

....

B 그림을 보고, 아래에서 알맞은 단어를 골라 문장을 써 보세요.

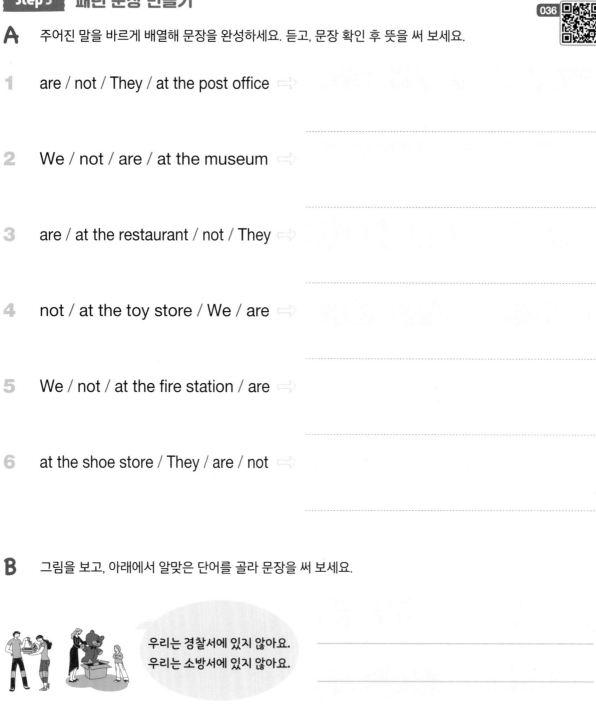

우리는 경찰서에 있지 않아요.
우리는 소방서에 있지 않아요.

....

....

police station   post office   café   restaurant   theater   fire station

CHECK! CHECK!   ☐ 첫 글자는 대문자로 썼나요?   ☐ 구두점을 찍었나요?   ☐ 단어와 단어 사이는 띄어 썼나요?

Unit 10 It is not pink.

Step 0 패턴 이해하기

It is not ~은 '그것은 ~이 아니에요/~하지 않아요'라는 뜻이에요. It is ~를 부정문으로 만들 때는 is 뒤에 부정어 not을 써서 It is not ~으로 만들면 돼요.

주어	be동사 + not	어떠한	뜻
It	is not	pink.	그것은 분홍색이 아니에요.
It	is not	big.	그것은 크지 않아요.

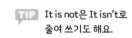 It is not은 It isn't로 줄여 쓰기도 해요.

Step 1 단어 파악하기   단어를 듣고, 따라 말한 후 써 보세요.

037

1 orange 주황색

2 blue 파란색

3 black 검은색

4 yellow 노란색

5 silver 은색

6 rough 거친

7 hard 딱딱한

8 soft 부드러운

9 tough 질긴

10 round 둥근

A 듣고, 따라 말한 후 완전한 문장을 써 보세요.

1 It + is + not + orange. ⇨

2 It + is + not + soft. ⇨

3 It + is + not + black. ⇨

4 It + is + not + tough. ⇨

5 It + is + not + yellow. ⇨

6 It + is + not + hard. ⇨

B 듣고, 문장의 빈칸을 채운 후 전체 문장을 다시 써 보세요.

1 It _____ not silver. ⇨

2 It _____ hard. ⇨

3 _____ not yellow. ⇨

4 It _____ rough. ⇨

5 It is _____ . ⇨

6 It _____ . ⇨

A 주어진 말을 바르게 배열해 문장을 완성하세요. 듣고, 문장 확인 후 뜻을 써 보세요.

1 not / is / blue / It   ⇨ _____

_____

2 big / It / is / not   ⇨ _____

_____

3 yellow / not / is / It   ⇨ _____

_____

4 is / not / tough / It   ⇨ _____

_____

5 It / not / is / orange   ⇨ _____

_____

6 It / not / hard / is   ⇨ _____

_____

B 그림을 보고, 아래에서 알맞은 단어를 골라 문장을 써 보세요.

그것은 은색이 아니에요. _____
그것은 동그랗지 않아요. _____

| round | rough | tough | blue | gray | silver |

CHECK! CHECK! ☐ 첫 글자는 대문자로 썼나요?   ☐ 구두점을 찍었나요?   ☐ 단어와 단어 사이는 띄어 썼나요?

A 우리말 뜻을 보고, 주어진 철자를 배열해 단어를 바르게 써 보세요.

1 수줍은 h y s

2 신난 x e c t i e d

3 주황색 r o n g e a

4 화장실 m e r s r o o t

B 그림을 보고, <보기>에서 알맞은 문장을 골라 써 보세요.

1

2

3

4

5

보기

They are not at the post office.　　She is not in the science lab.
You are not clean.　　It is not soft.　　He is not in the music room.

C 주어진 말을 바르게 배열해 문장을 완성하세요.

1 not / It / tough / is ⇨

2 short / are / not / You ⇨

3 is / hard / It / not ⇨

4 in the art room / is / not / She ⇨

5 at the theater / not / are / They ⇨

D 문장의 우리말 뜻을 보고, 틀린 부분을 찾아 알맞게 고쳐 보세요.

1 you Is not Weak. ⇨

당신은 약하지 않아요.

2 he am Not in the pool. ⇨

그는 수영장에 있지 않아요.

3 they Am not at the Mall. ⇨

그들은 쇼핑몰에 있지 않아요.

4 we Is not at the Police station. ⇨

우리는 경찰서에 있지 않아요.

5 it are Not siLver. ⇨

그것은 은색이 아니에요.

6 It aM Not roUgh. ⇨

그것은 질기지 않아요.

Step 0 패턴 이해하기

Am I ~?는 '내가 ~인가요?'라는 뜻이에요. I am ~을 의문문으로 만들 때는 am을 문장 맨 앞으로 보내서 Am I ~? 로 만들어요. 의문문은 마지막에 물음표(?)를 꼭 써 줘야 해요. 대답이 긍정일 때는 Yes, you are., 부정일 때는 No, you aren't.라고 대답할 수 있어요.

be동사	주어	어떠한	뜻
Am	I	late?	내가 늦었나요?

* late 늦은, 지각한

Step 1 단어 파악하기   단어를 듣고, 따라 말한 후 써 보세요.

1 lazy 게으른

2 diligent 부지런한

3 early 이른

4 rude 무례한

5 kind 친절한

6 loud 시끄러운

7 talented 재능 있는

8 helpful 도움이 되는

패턴 문장 뼈대 잡기

A 듣고, 따라 말한 후 완전한 문장을 써 보세요.

1 Am + I + lazy? ⇨

2 Am + I + diligent? ⇨

3 Am + I + loud? ⇨

4 Am + I + funny? ⇨

5 Am + I + rude? ⇨

6 Am + I + kind? ⇨

B 듣고, 문장의 빈칸을 채운 후 전체 문장을 다시 써 보세요.

1 _____ I lazy? ⇨

2 _____ _____ rude? ⇨

3 _____ I _____? ⇨

4 _____ _____ ? ⇨

5 Am _____ ? ⇨

6 _____ _____ ? ⇨

044

A 주어진 말을 바르게 배열해 문장을 완성하세요. 듣고, 문장 확인 후 뜻을 써 보세요.

1 I / Am / late?   ⇨

....

2 early? / I / Am   ⇨

....

3 Am / talented? / I   ⇨

....

4 I / Am / smart?   ⇨

....

5 loud? / Am / I   ⇨

....

6 Am / helpful? / I   ⇨

....

B 그림을 보고, 아래에서 알맞은 단어를 골라 문장을 써 보세요.

A: 제가 도움이 되나요?
B: 네, 도움이 돼요.
   고마워요.

A: _____

B: _____ Thank you.

helpful   diligent   bored   kind   quiet   loud

CHECK!
CHECK!   ☐ 첫 글자는 대문자로 썼나요?   ☐ 구두점을 찍었나요?   ☐ 단어와 단어 사이는 띄어 썼나요?

Are you okay?

Step 0 **패턴 이해하기**

Are you ~?는 '당신은 ~인가요/~에 있나요?'라는 뜻이에요. You are ~를 의문문으로 만들 때는 are을 문장 맨 앞으로 보내서 Are you ~?로 만들어요. 대답이 긍정일 때는 Yes, I am., 부정일 때는 No, I'm not.이라고 대답할 수 있어요.

be동사	주어	어떠한/무엇/어디에	뜻
Are	you	okay?	당신 괜찮아요?
Are	you	a chef?	당신은 요리사인가요?
Are	you	in the kitchen?	당신은 부엌에 있나요?

Step 1 **단어 파악하기**   단어를 듣고, 따라 말한 후 써 보세요.

1 careful 조심스러운

2 surprised 놀란

3 nervous 긴장되는

4 ready 준비된

5 pilot 조종사

6 engineer 엔지니어

7 car 자동차

8 bedroom 침실

9 office 사무실

10 bus driver 버스 운전사

패턴 문장 뼈대 잡기

A 듣고, 따라 말한 후 완전한 문장을 써 보세요.

1 Are + you + a bus driver? ⇨

2 Are + you + in the car? ⇨

3 Are + you + careful? ⇨

4 Are + you + a teacher? ⇨

5 Are + you + in the classroom? ⇨

6 Are + you + surprised? ⇨

B 듣고, 문장의 빈칸을 채운 후 전체 문장을 다시 써 보세요.

1 _____ you okay? ⇨

2 _____ an engineer? ⇨

3 _____ in the bedroom? ⇨

4 _____ nervous? ⇨

5 Are _____ office? ⇨

6 _____ ? ⇨

Step 3 패턴 문장 만들기

A 주어진 말을 바르게 배열해 문장을 완성하세요. 듣고, 문장 확인 후 뜻을 써 보세요.

1 you / Are / brave? ⇨ _____

2 a pilot? / you / Are ⇨ _____

3 Are / in the car? / you ⇨ _____

4 you / careful? / Are ⇨ _____

5 Are / a chef? / you ⇨ _____

6 in the kitchen? / you / Are ⇨ _____

B 그림을 보고, 아래에서 알맞은 단어를 골라 문장을 써 보세요.

A: 당신은 차 안에 있나요?
B: 네, 맞아요.

A: _____

B: _____

okay   careful   surprised   nervous   car   helpful

CHECK!
CHECK!   ☐ 첫 글자는 대문자로 썼나요?   ☐ 구두점을 찍었나요?   ☐ 단어와 단어 사이는 띄어 썼나요?

Unit 13 Is he at the café?

Step 0 패턴 이해하기

Is he[she] ~?는 '그는[그녀는] ~인가요/~에 있나요?'라는 뜻이에요. He[She] is ~를 의문문으로 만들 때는 is를 문장 맨 앞으로 보내서 Is he[she] ~?로 만들어요. 대답이 긍정일 때는 Yes, he[she] is., 부정일 때는 No, he[she] isn't.라고 할 수 있어요.

be동사	주어	어디에	뜻
Is	he	at the café?	그는 카페에 있나요?

Step 1 단어 파악하기   단어를 듣고, 따라 말한 후 써 보세요.

049

① **beach** 해변

② **riverside** 강변, 강가

③ **dance class** 댄스 교실

④ **zoo** 동물원

⑤ **rose festival** 장미 축제

⑥ **market** 시장

⑦ **airport** 공항

⑧ **cinema** 영화관

⑨ **science camp** 과학 캠프

⑩ **drawing contest** 그림 그리기 대회

A　듣고, 따라 말한 후 완전한 문장을 써 보세요.

1　Is + he + at the beach?　⇨

2　Is + he + at the science camp?　⇨

3　Is + he + at the airport?　⇨

4　Is + she + at the rose festival?　⇨

5　Is + she + at the market?　⇨

6　Is + she + at the zoo?　⇨

B　듣고, 문장의 빈칸을 채운 후 전체 문장을 다시 써 보세요.

1　＿＿＿＿ he at the airport?　⇨

2　＿＿＿＿ at the cinema?　⇨

3　＿＿＿＿ at the dance class?　⇨

4　＿＿＿＿ the drawing contest?　⇨

5　Is ＿＿＿＿ the science camp?　⇨

6　＿＿＿＿ the riverside?　⇨

052

A 주어진 말을 바르게 배열해 문장을 완성하세요. 듣고, 문장 확인 후 뜻을 써 보세요.

1 she / at the market? / Is ⇨

2 at the science camp? / he / Is ⇨

3 Is / at the cinema? / he ⇨

4 she / Is / at the dance class? ⇨

5 at the beach? / Is / she ⇨

6 he / Is / at the rose festival? ⇨

B 그림을 보고, 아래에서 알맞은 단어를 골라 문장을 써 보세요.

A: 그는 강가에 있나요?
B: 아뇨, 그렇지 않아요.
그는 해변에 있어요.

A: _____

B: _____

riverside   plane   factory   beach   science camp   zoo

CHECK! CHECK!   ☐ 첫 글자는 대문자로 썼나요?   ☐ 구두점을 찍었나요?   ☐ 단어와 단어 사이는 띄어 썼나요?

Unit 14

Are they vets?

Step 0 패턴 이해하기

Are they ~?는 '그들은 ~인가요?'라는 뜻이에요. They are ~를 의문문으로 만들 때는 are을 문장 맨 앞으로 보내서 Are they ~?로 만들어요. 긍정으로 대답할 때는 Yes, they are., 부정으로 대답할 때는 No, they aren't.를 쓰면 돼요.

be동사	주어	무엇	뜻
Are	they	vets?	그들은 수의사들인가요?

* vet 수의사

Step 1 단어 파악하기 단어를 듣고, 따라 말한 후 써 보세요.

1 actor 배우

2 farmer 농부

3 musician 음악가

4 movie director 영화 감독

5 volunteer 자원봉사자

6 designer 디자이너

7 president 대통령, 회장

8 dancer 댄서

9 dentist 치과 의사

10 astronaut 우주 비행사

A 듣고, 따라 말한 후 완전한 문장을 써 보세요.

1 Are + they + volunteers? ⇨

2 Are + they + farmers? ⇨

3 Are + they + movie directors? ⇨

4 Are + they + actors? ⇨

5 Are + they + writers? ⇨

6 Are + they + presidents? ⇨

B 듣고, 문장의 빈칸을 채운 후 전체 문장을 다시 써 보세요.

1 _____ they vets? ⇨

2 _____ they dancers? ⇨

3 _____ dentists? ⇨

4 _____ farmers? ⇨

5 Are they _____? ⇨

6 _____? ⇨

A 주어진 말을 바르게 배열해 문장을 완성하세요. 듣고, 문장 확인 후 뜻을 써 보세요.

1 they / Are / engineers? ⇨ ....

2 actors? / Are / they ⇨ ....

3 they / Are / pilots? ⇨ ....

4 designers? / they / Are ⇨ ....

5 Are / volunteers? / they ⇨ ....

6 they / Are / dancers? ⇨ ....

B 그림을 보고, 아래에서 알맞은 단어를 골라 문장을 써 보세요.

A: 그들은 우주 비행사들인가요?
B: 아니오, 그렇지 않아요.
　그들은 배우들이에요.

A: ....

B: ....

....

| astronauts | volunteers | models | actors | dancers | dentists |

CHECK! CHECK! ☐ 첫 글자는 대문자로 썼나요?　☐ 구두점을 찍었나요?　☐ 단어와 단어 사이는 띄어 썼나요?

Is it a lion?

Is it ~?는 '그것은 ~인가요?'라는 뜻이에요. It is ~를 의문문으로 만들 때는 is를 문장 맨 앞으로 보내서 Is it ~?으로 만들어요. 긍정으로 대답할 때는 Yes, it is., 부정으로 대답할 때는 No, it isn't.를 쓰면 돼요.

be동사	주어	무엇	뜻
Is	it	a lion?	그것은 사자인가요?

057

1 hippo 하마

2 elephant 코끼리

3 tiger 호랑이

4 giraffe 기린

5 zebra 얼룩말

6 monkey 원숭이

7 gorilla 고릴라

8 penguin 펭귄

9 koala 코알라

10 whale 고래

패턴 문장 뼈대 잡기

A 듣고, 따라 말한 후 완전한 문장을 써 보세요.

1 Is + it + a hippo? ⇨

2 Is + it + a giraffe? ⇨

3 Is + it + a zebra? ⇨

4 Is + it + a monkey? ⇨

5 Is + it + a gorilla? ⇨

6 Is + it + a penguin? ⇨

B 듣고, 문장의 빈칸을 채운 후 전체 문장을 다시 써 보세요.

1 _____ it an elephant? ⇨

2 _____ it a koala? ⇨

3 _____ a gorilla? ⇨

4 _____ a zebra? ⇨

5 Is it _____ ? ⇨

6 Is _____ ? ⇨

A 주어진 말을 바르게 배열해 문장을 완성하세요. 듣고, 문장 확인 후 뜻을 써 보세요.

060

1   a penguin? / Is / it   ⇨ ....

2   it / Is / a gorilla?   ⇨ ....

3   Is / a tiger? / it   ⇨ ....

4   it / a monkey? / Is   ⇨ ....

5   a koala? / it / Is   ⇨ ....

6   Is / an elephant? / it   ⇨ ....

B 그림을 보고, 아래에서 알맞은 단어를 골라 문장을 써 보세요.

A: 그것은 고래인가요?
B: 네, 맞아요.

A: ....

B: ....

shark   giraffe   hippo   whale   gorilla   koala

CHECK! CHECK!   ☐ 첫 글자는 대문자로 썼나요?   ☐ 구두점을 찍었나요?   ☐ 단어와 단어 사이는 띄어 썼나요?

Unit **11** ~ Unit **15**

A 우리말 뜻을 보고, 주어진 철자를 배열해 단어를 바르게 써 보세요.

1 조종사   i p l t o

2 바닷가   e b a h c

3 펭귄   e p n u g i n

4 놀란   u d s r r p i s e

B 그림을 보고, <보기>에서 알맞은 문장을 골라 써 보세요.

1

2

3

4

5

보기

Is she at the market?   Is he at the beach?

Is it a monkey?   Are you a bus driver?   Are you in the living room?

C   주어진 말을 바르게 배열해 문장을 완성하세요.

1   I / rude? / Am   ⇨

2   it / a zebra? / Is   ⇨

3   they / Are / volunteers?   ⇨

4   nervous? / Are / you   ⇨

5   she / at the zoo? / Is   ⇨

D   문장의 우리말 뜻을 보고, 틀린 부분을 찾아 알맞게 고쳐 보세요.

1   are i Lazy?   ⇨
내가 게으른가요?

2   Am It A koala?   ⇨
그것은 코알라인가요?

3   Am she At the Dance class?   ⇨
그녀는 댄스 교실에 있나요?

4   Is You an Engineer?   ⇨
당신은 엔지니어인가요?

5   Am he At the Rose festival?   ⇨
그는 장미 축제에 있나요?

6   Is They Vets?   ⇨
그들은 수의사들인가요?

일반동사 패턴 문장 쓰기

미리 알아두기 **일반동사의 형태를 익혀요!**

eat(먹다), drink(마시다), want(원하다)처럼 상태나 움직임을
나타내는 동사를 '일반동사'라고 해요.
일반동사의 형태는 주어에 따라 조금 달라져요.
I/we/you/they가 주어로 올 때는 동사원형을 쓰고,
he/she/it이 주어일 때는 동사 뒤에 -s를 붙이면 돼요.
또, have → has, do → does처럼 모양이 완전히 달라지는 것들도 있어서 주의가 필요해요.

주어	일반동사	
I(나는)	**want**(원하다)	**play**(연주하다)
You(너는, 너희들은)	**eat**(먹다)	**wear**(입다)
	drink(마시다)	**like**(좋아하다)
We(우리는)	**need**(필요하다)	**have**(가지다)
	buy(사다)	**do**(하다)
They(그들은, 그것들은)		
He(그는)	**wants**	**plays**
	eats	**wears**
She(그녀는)	**drinks**	**likes**
	needs	**has**
It(그것은)	**buys**	**does**

Unit 01 I want a bag.

Step 0 패턴 이해하기

I want ~는 '나는 ~을 원해요'라는 뜻으로, want 뒤에 원하는 것들을 써 주면 돼요. 영어 문장에서는 주어 다음에 바로 동사가 와요. 우리말과 어순이 다르기 때문에 이 부분을 특히 주의해서 많이 연습해야 해요.

주어	일반동사	무엇	뜻
I	want	a bag.	나는 가방을 원해요.
I	want	glasses.	나는 안경을 원해요.

* glasses 안경(복수형으로 쓰는 단어)

Step 1 단어 파악하기 단어를 듣고, 따라 말한 후 써 보세요.

061

1 robot 로봇

2 doll 인형

3 ball 공

4 pencil case 필통

5 hair band 머리띠

6 socks 양말

7 jeans 청바지

8 headphones 헤드폰

9 shoes 신발

10 scissors 가위

Step 2 패턴 문장 뼈대 잡기

A 듣고, 따라 말한 후 완전한 문장을 써 보세요.

1   I + want + a ball.   ⇨

2   I + want + a robot.   ⇨

3   I + want + a pencil case.   ⇨

4   I + want + jeans.   ⇨

5   I + want + shoes.   ⇨

6   I + want + socks.   ⇨

B 듣고, 문장의 빈칸을 채운 후 전체 문장을 다시 써 보세요.

1   _____ a doll.   ⇨

2   I _____ a _____.   ⇨

3   _____ a bag.   ⇨

4   _____ want _____.   ⇨

5   I _____.   ⇨

6   I _____.   ⇨

Step 3   패턴 문장 만들기

A   주어진 말을 바르게 배열해 문장을 완성하세요. 듣고, 문장 확인 후 뜻을 써 보세요.

1   want / I / a robot   ⇨

....

2   a doll / want / I   ⇨

....

3   I / jeans / want   ⇨

....

4   socks / I / want   ⇨

....

5   a ball / want / I   ⇨

....

6   I / scissors / want   ⇨

....

B   그림을 보고, 아래에서 알맞은 단어를 골라 문장을 써 보세요.

나는 머리띠를 원해요.
나는 헤드폰을 원해요.

| headphones | robot | bag | hair band | socks | shoes |

☑ CHECK! CHECK!   ☐ 첫 글자는 대문자로 썼나요?   ☐ 구두점을 찍었나요?   ☐ 단어와 단어 사이는 띄어 썼나요?

Unit 02 You have a fever.

Step 0 패턴 이해하기

병의 증상이나 앓고 있는 병을 말할 때 You have ~를 쓸 수 있어요. have 동사는 이 외에도 '가지다', '먹다' 등의 뜻으로도 많이 쓰여요.

주어	일반동사	무엇	뜻
You	have	a fever.	당신은 열이 나네요.
You	have	a cold.	당신은 감기에 걸렸네요.

Step 1 단어 파악하기 단어를 듣고, 따라 말한 후 써 보세요.

065

1 headache 두통

_____

_____

2 sore throat 목 아픔

_____

_____

3 toothache 치통

_____

_____

4 stomachache 복통

_____

_____

5 runny nose 콧물

_____

_____

6 backache 요통

_____

_____

7 earache 귓병

_____

_____

8 flu 독감 (the flu의 형태로 쓰임)

_____

_____

9 cough 기침

_____

_____

A 듣고, 따라 말한 후 완전한 문장을 써 보세요.

1 You + have + a headache. ⇨

2 You + have + a sore throat. ⇨

3 You + have + a toothache. ⇨

4 You + have + a backache. ⇨

5 You + have + a runny nose. ⇨

6 You + have + a stomachache. ⇨

B 듣고, 문장의 빈칸을 채운 후 전체 문장을 다시 써 보세요.

1 _____ have a backache. ⇨

2 You _____ an earache. ⇨

3 _____ the flu. ⇨

4 _____ a fever. ⇨

5 You have _____ . ⇨

6 You _____ . ⇨

A 주어진 말을 바르게 배열해 문장을 완성하세요. 듣고, 문장 확인 후 뜻을 써 보세요.

068

1 You / a cough / have ⇨ ....

2 have / a sore throat / You ⇨ ....

3 the flu / have / You ⇨ ....

4 have / a toothache / You ⇨ ....

5 You / a headache / have ⇨ ....

6 have / a stomachache / You ⇨ ....

B 그림을 보고, 아래에서 알맞은 단어를 골라 문장을 써 보세요.

당신은 기침이 나는군요.
당신은 열이 나요.

....

....

| fever | cold | headache | sore throat | backache | cough |

CHECK! CHECK! ☐ 첫 글자는 대문자로 썼나요?   ☐ 구두점을 찍었나요?   ☐ 단어와 단어 사이는 띄어 썼나요?

Unit 03 He eats breakfast every day.

Step 0 **패턴 이해하기**

He[She] eats/drinks ~는 '그는[그녀는] ~을 먹어요/마셔요'라는 뜻이에요. He[She]가 주어일 때는 보통 동사 끝에 -s 또는 -es를 붙여야 해요.

주어	일반동사	무엇	뜻
He	eats	breakfast every day.	그는 매일 아침을 먹어요.
She	drinks	milk every day.	그녀는 매일 우유를 마셔요.

* every day 매일

Step 1 **단어 파악하기** 단어를 듣고, 따라 말한 후 써 보세요.

069

① snack 간식

_____

_____

② spaghetti 스파게티

_____

_____

③ lunch 점심 식사

_____

_____

④ dinner 저녁 식사

_____

_____

⑤ ice cream 아이스크림

_____

_____

⑥ juice 주스

_____

_____

⑦ tea 차

_____

_____

⑧ hot chocolate 핫 초콜릿

_____

_____

⑨ coffee 커피

_____

_____

⑩ iced tea 아이스 티

_____

_____

A 듣고, 따라 말한 후 완전한 문장을 써 보세요.

1 He + eats + snacks + every day. ⇨

2 She + eats + lunch + every day. ⇨

3 He + eats + spaghetti + every day. ⇨

4 She + drinks + juice + every day. ⇨

5 He + drinks + tea + every day. ⇨

6 She + drinks + iced tea + every day. ⇨

B 듣고, 문장의 빈칸을 채운 후 전체 문장을 다시 써 보세요.

1 _____ eats dinner every day. ⇨

2 _____ drinks juice every day. ⇨

3 _____ snacks every day. ⇨

4 _____ tea every day. ⇨

5 She _____ every day. ⇨

6 He _____ every day. ⇨

A 주어진 말을 바르게 배열해 문장을 완성하세요. 듣고, 문장 확인 후 뜻을 써 보세요.

1 eats / He / lunch / every day ⇨

....

2 juice / drinks / every day / She ⇨

....

3 every day / breakfast / She / eats ⇨

....

4 drinks / hot chocolate / He / every day ⇨

....

5 dinner / eats / every day / He ⇨

....

6 She / every day / tea / drinks ⇨

....

B 그림을 보고, 아래에서 알맞은 단어를 골라 문장을 써 보세요.

그는 매일 커피를 마셔요.
그녀는 매일 아이스크림을
먹어요.

....

....

| dinner | pizza | ice cream | tea | juice | coffee |

CHECK! CHECK! ☐ 첫 글자는 대문자로 썼나요?   ☐ 구두점을 찍었나요?   ☐ 단어와 단어 사이는 띄어 썼나요?

Unit 04 She has short curly hair.

Step 0 패턴 이해하기

have는 '가지다', '먹다'라는 뜻으로 익숙하겠지만, 머리 모양이나 눈의 색깔 등을 표현할 때도 써요. She[He] has ~ 는 '그녀는[그는] ~해요'라는 뜻으로, 생김새를 표현할 수 있어요. 주어가 She[He]일 때는 동사 have를 has를 바꿔 써야 해요.

주어	일반동사	생김새(머리/눈…)	뜻
She	has	short curly hair.	그녀는 짧은 곱슬머리예요.
She	has	brown eyes.	그녀는 눈이 갈색이에요.

Step 1 단어 파악하기 단어를 듣고, 따라 말한 후 써 보세요.

① long hair 긴 머리

_____

_____

② straight hair 곧은 머리

_____

_____

③ blond hair 금발 머리

_____

_____

④ short hair 짧은 머리

_____

_____

⑤ black hair 검은 머리

_____

_____

⑥ wavy hair 웨이브 머리

_____

_____

⑦ curly hair 곱슬곱슬한 머리

_____

_____

⑧ round face 둥근 얼굴

_____

_____

⑨ blue eyes 파란 눈

_____

_____

⑩ dimple 보조개

_____

_____

A 듣고, 따라 말한 후 완전한 문장을 써 보세요.

1 She + has + long hair. ⇨

2 She + has + blue eyes. ⇨

3 She + has + straight hair. ⇨

4 He + has + a round face. ⇨

5 He + has + short hair. ⇨

6 He + has + brown eyes. ⇨

B 듣고, 문장의 빈칸을 채운 후 전체 문장을 다시 써 보세요.

1 _____ has a round face. ⇨

2 _____ has wavy hair. ⇨

3 _____ dimples. ⇨

4 _____ straight hair. ⇨

5 She has _____. ⇨

6 He _____. ⇨

076

A　주어진 말을 바르게 배열해 문장을 완성하세요. 듣고, 문장 확인 후 뜻을 써 보세요.

1　She / short curly hair / has　⇨

_____

2　has / black hair / He　⇨

_____

3　straight hair / She / has　⇨

_____

4　a round face / has / He　⇨

_____

5　blond hair / has / She　⇨

_____

6　He / long hair / has　⇨

_____

B　그림을 보고, 아래에서 알맞은 단어나 표현을 골라 문장을 써 보세요.

그녀는 웨이브 머리예요.
그녀는 둥근 얼굴이에요.

_____

_____

| long hair | wavy hair | black hair | round face | blue eyes |

Unit 05 We need some water.

Step 0 **패턴 이해하기**

We[They] need ~는 '우리는[그들은] ~이 필요해요'라는 뜻이에요. 어떤 사람 또는 물건 등이 필요하다고 할 때 이 표현을 쓸 수 있어요.

주어	일반동사	무엇	뜻
We	need	some water.	우리는 물이 좀 필요해요.
They	need	some food.	그들은 음식이 좀 필요해요.

* some 조금의

Step 1 **단어 파악하기** 단어를 듣고, 따라 말한 후 써 보세요.

① yogurt 요거트

② cheese 치즈

③ salt 소금

④ sugar 설탕

⑤ rice 쌀, 밥

⑥ pasta 파스타

⑦ broccoli 브로콜리

⑧ cream 크림

⑨ butter 버터

⑩ bread 빵

A 듣고, 따라 말한 후 완전한 문장을 써 보세요.

1 We + need + some yogurt. ⇨

2 We + need + some cream. ⇨

3 We + need + some salt. ⇨

4 They + need + some sugar. ⇨

5 They + need + some rice. ⇨

6 They + need + some cheese. ⇨

B 듣고, 문장의 빈칸을 채운 후 전체 문장을 다시 써 보세요.

1 _____ need some water. ⇨

2 _____ need some rice. ⇨

3 _____ some pasta. ⇨

4 _____ some salt. ⇨

5 They need _____. ⇨

6 They _____. ⇨

Step 3 패턴 문장 만들기

A 주어진 말을 바르게 배열해 문장을 완성하세요. 듣고, 문장 확인 후 뜻을 써 보세요.

1 need / some sugar / We ⇨ ....

2 We / some broccoli / need ⇨ ....

3 some rice / We / need ⇨ ....

4 need / They / some salt ⇨ ....

5 some yogurt / need / They ⇨ ....

6 They / some pasta / need ⇨ ....

B 그림을 보고, 아래에서 알맞은 단어를 골라 문장을 써 보세요.

> 우리는 버터가 좀 필요해요. _____
> 그들은 빵이 좀 필요해요. _____

| yogurt | cheese | butter | rice | bread | broccoli |

CHECK! CHECK!   ☐ 첫 글자는 대문자로 썼나요?   ☐ 구두점을 찍었나요?   ☐ 단어와 단어 사이는 띄어 썼나요?

A 우리말 뜻을 보고, 주어진 철자를 배열해 단어를 바르게 써 보세요.

1 두통 e h a d c h e a

2 치통 o t o t a h c h e

3 가위 s o s i s c r s

4 웨이브 머리 a w y v a i h r

B 그림을 보고, <보기>에서 알맞은 문장을 골라 써 보세요.

1

2

3

4

5

보기

You have a fever.　　He eats snacks every day.

I want a pencil case.　　She has blue eyes.　　We need some salt.

C 주어진 말을 바르게 배열해 문장을 완성하세요.

1 want / I / a bag ⇨

2 a stomachache / have / You ⇨

3 has / She / dimples ⇨

4 blond hair / He / has ⇨

5 need / some butter / We ⇨

D 문장의 우리말 뜻을 보고, 틀린 부분을 찾아 알맞게 고쳐 보세요.

1 you Has A cough. ⇨

당신은 기침을 하는군요.

2 sHe drink juice Every day. ⇨

그녀는 매일 주스를 마셔요.

3 hE Have Blond hair. ⇨

그는 금발 머리예요.

4 we needs Some water. ⇨

우리는 물이 좀 필요해요.

5 you Has An earache. ⇨

당신은 귀가 아프군요.

6 i wants Glasses. ⇨

나는 안경을 원해요.

Unit 06 I don't like bats.

패턴 이해하기

I don't like ~는 '나는 ~을 좋아하지 않아요'라는 뜻이에요. 주어가 I일 때 일반동사의 부정문은 don't 다음에 동사원형을 앞에 써서 만들어요. 여기서 don't는 do not의 줄임말이에요.

주어	do동사 + not	동사원형	무엇	뜻
I	do not	like	bats.	나는 박쥐를 안 좋아해요.
I	don't	like	onions.	나는 양파를 안 좋아해요.

 '~을 좋아하다/안 좋아하다' 라고 말할 때 대상이 되는 명사는 복수형(bats, onions) 으로 써야 자연스러워요.

081

Step 1 **단어 파악하기** 단어를 듣고, 따라 말한 후 써 보세요.

1 spiders 거미들

2 beetles 딱정벌레들

3 bees 벌들

4 ants 개미들

5 beans 콩들

6 peppers 고추들

7 olives 올리브들

8 eggplants 가지들

9 carrots 당근들

10 cucumbers 오이들

A 듣고, 따라 말한 후 완전한 문장을 써 보세요.

1 I + do + not + like + spiders. ⇨

2 I + do + not + like + beetles. ⇨

3 I + do + not + like + bees. ⇨

4 I + don't + like + beans. ⇨

5 I + don't + like + peppers. ⇨

6 I + don't + like + olives. ⇨

B 듣고, 문장의 빈칸을 채운 후 전체 문장을 다시 써 보세요.

1 _____ like bats. ⇨

2 _____ like bees. ⇨

3 _____ beans. ⇨

4 _____ carrots. ⇨

5 I don't _____ . ⇨

6 I _____ . ⇨

A 주어진 말을 바르게 배열해 문장을 완성하세요. 듣고, 문장 확인 후 뜻을 써 보세요.

1   don't / I / like / peppers   ⇨

    ....

2   beetles / don't / I / like   ⇨

    ....

3   like / don't / I / olives   ⇨

    ....

4   like / don't / eggplants / I   ⇨

    ....

5   carrots / I / like / don't   ⇨

    ....

6   onions / like / don't / I   ⇨

    ....

B 그림을 보고, 아래에서 알맞은 단어를 골라 문장을 써 보세요.

나는 개미를 좋아하지 않아요.
나는 달걀을 좋아하지 않아요.

....

....

| spiders | eggs | beans | ants | bees | peppers |

CHECK! CHECK!   ☐ 첫 글자는 대문자로 썼나요?   ☐ 구두점을 찍었나요?   ☐ 단어와 단어 사이는 띄어 썼나요?

He doesn't play the piano.

Step 0 패턴 이해하기

He[She] doesn't ~는 '그는[그녀는] ~하지 않아요'라는 뜻이에요. He[She]가 주어일 때 일반동사의 부정문은
doesn't 다음에 동사원형을 써서 만들어요. doesn't는 does not의 줄임말이에요.

주어	do동사 + not	동사원형	무엇	뜻
He	does not	play	the piano.	그는 피아노를 연주하지 않아요.
She	doesn't	play	the guitar.	그녀는 기타를 연주하지 않아요.

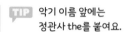 악기 이름 앞에는
정관사 the를 붙여요.

Step 1 단어 파악하기 단어를 듣고, 따라 말한 후 써 보세요.

085

① violin 바이올린

② flute 플루트

③ cello 첼로

④ drums 드럼

⑤ harp 하프

⑥ tambourine 탬버린

⑦ harmonica 하모니카

⑧ trumpet 트럼펫

⑨ triangle 트라이앵글

⑩ accordion 아코디언

A 듣고, 따라 말한 후 완전한 문장을 써 보세요.

1 He + does not + play + the violin. ⇨

2 He + does not + play + the flute. ⇨

3 He + does not + play + the cello. ⇨

4 She + doesn't + play + the drums. ⇨

5 She + doesn't + play + the tambourine. ⇨

6 She + doesn't + play + the harmonica. ⇨

B 듣고, 문장의 빈칸을 채운 후 전체 문장을 다시 써 보세요.

1 _____ play the piano. ⇨

2 _____ play the drums. ⇨

3 He _____ the trumpet. ⇨

4 _____ the harp. ⇨

5 He doesn't _____ . ⇨

6 She doesn't _____ . ⇨

A 주어진 말을 바르게 배열해 문장을 완성하세요. 듣고, 문장 확인 후 뜻을 써 보세요.

1 the piano / play / She / doesn't ⇨

                                               ....

2 He / play / the flute / doesn't ⇨

  ....

3 doesn't / the cello / She / play ⇨

  ....

4 the harp / doesn't / play / He ⇨

  ....

5 play / doesn't / She / the guitar ⇨

  ....

6 the tambourine / He / doesn't / play ⇨

  ....

B 그림을 보고, 아래에서 알맞은 단어를 골라 문장을 써 보세요.

그는 트라이앵글을
연주하지 않아요.
그는 아코디언을 연주해요.

  _____

  _____

tambourine   harmonica   trumpet   triangle   accordion   cello

CHECK!
CHECK! ☐ 첫 글자는 대문자로 썼나요?   ☐ 구두점을 찍었나요?   ☐ 단어와 단어 사이는 띄어 썼나요?

Unit 08 We don't have art class.

Step 0 패턴 이해하기

We[They/You] don't ~는 '우리는[그들은/당신(들)은] ~하지 않아요'라는 뜻이에요. We[They/You]가 주어일 때 일반동사의 부정문은 don't 다음에 동사원형을 써서 만들어요. don't는 do not의 줄임말이에요.

주어	do동사 + not	동사원형	무엇	뜻
We	do not	have	art class.	우리는 미술 수업이 없어요.
They	don't	have	music class.	그들은 음악 수업이 없어요.
You	don't	have	drama class.	당신(들)은 드라마 수업이 없어요.

Step 1 단어 파악하기 　단어를 듣고, 따라 말한 후 써 보세요.

1 math 수학

2 science 과학

3 history 역사

4 geography 지리

5 P.E. 체육(= PE)

6 writing 작문

7 social studies 사회

8 computer 컴퓨터

9 English 영어

A 듣고, 따라 말한 후 완전한 문장을 써 보세요.

1 We + do not + have + drama class. ⇨

2 They + do not + have + P.E. class. ⇨

3 You + do not + have + history class. ⇨

4 We + don't + have + English class. ⇨

5 They + don't + have + computer class. ⇨

6 You + don't + have + writing class. ⇨

B 듣고, 문장의 빈칸을 채운 후 전체 문장을 다시 써 보세요.

1 _____ have math class. ⇨

2 _____ have science class. ⇨

3 _____ social studies class. ⇨

4 _____ computer class. ⇨

5 They don't _____ . ⇨

6 You _____ . ⇨

A 주어진 말을 바르게 배열해 문장을 완성하세요. 듣고, 문장 확인 후 뜻을 써 보세요.

1 don't / We / P.E. class / have ⇨

_____

2 have / math class / They / don't ⇨

_____

3 You / history class / don't / have ⇨

_____

4 geography class / We / have / don't ⇨

_____

5 don't / art class / have / They ⇨

_____

6 writing class / You / have / don't ⇨

_____

B 그림을 보고, 아래에서 알맞은 단어를 골라 문장을 써 보세요.

우리는 과학 수업이 없어요.
그들은 영어 수업이 있어요.

_____

_____

| math class | science class | history class | P.E. class | English class |

CHECK! CHECK! ☐ 첫 글자는 대문자로 썼나요?   ☐ 구두점을 찍었나요?   ☐ 단어와 단어 사이는 띄어 썼나요?

Unit 09 Do we have a pencil?

Do we[they/you] have ~?는 '우리가[그들이/당신(들)이] ~을 가지고 있나요?'라는 뜻이에요. 주어가 we[he/you]일 때 일반동사의 의문문은 Do를 문장 맨 앞에 써서 만들어요. 긍정으로 대답할 때는 Yes, we[they/you] do., 부정으로 대답할 때는 No, we[they/you] don't.를 쓰면 돼요.

do동사	주어	동사원형	무엇	뜻
Do	we	have	a pencil?	우리가 연필을 가지고 있나요?
Do	they	have	a marker?	그들이 마커를 가지고 있나요?
Do	you	have	a bag?	당신은 가방이 있나요?

* marker 마커, 매직펜

Step 1 단어 파악하기 단어를 듣고, 따라 말한 후 써 보세요.

093

1 stapler 스테이플러

2 soccer ball 축구공

3 basketball 농구공, 농구

4 book 책

5 notebook 공책

6 colored pencil 색연필

7 sketchbook 스케치북

8 eraser 지우개

9 ruler 자

10 crayon 크레용

패턴 문장 뼈대 잡기

A 듣고, 따라 말한 후 완전한 문장을 써 보세요.

1 Do + we + have + a crayon? ⇨

2 Do + they + have + a soccer ball? ⇨

3 Do + you + have + a basketball? ⇨

4 Do + we + have + a book? ⇨

5 Do + they + have + a notebook? ⇨

6 Do + you + have + a ruler? ⇨

B 듣고, 문장의 빈칸을 채운 후 전체 문장을 다시 써 보세요.

1 _____ have a stapler? ⇨

2 _____ have a soccer ball? ⇨

3 _____ a basketball? ⇨

4 _____ a colored pencil? ⇨

5 Do they _____? ⇨

6 Do _____ an _____? ⇨

A 주어진 말을 바르게 배열해 문장을 완성하세요. 듣고, 문장 확인 후 뜻을 써 보세요.

1 we / Do / a pencil? / have ⇨

....

2 have / they / Do / a soccer ball? ⇨

....

3 Do / have / you / a book? ⇨

....

4 Do / have / a colored pencil? / we ⇨

....

5 have / they / Do / a sketchbook? ⇨

....

6 you / have / Do / an eraser? ⇨

....

B 그림을 보고, 아래에서 알맞은 단어를 골라 문장을 써 보세요.

A: 그들이 자를 가지고 있나요?
B: 아뇨, 없어요.

A: ....

B: ....

| stapler | pencil | soccer ball | basketball | notebook | ruler |

CHECK! CHECK! ☐ 첫 글자는 대문자로 썼나요?   ☐ 구두점을 찍었나요?   ☐ 단어와 단어 사이는 띄어 썼나요?

Step 0   패턴 이해하기

Does she[he] have ~?는 '그녀는[그는] ~가 있나요?라는 뜻이에요. 주어가 she[he]일 때 일반동사의 의문문은 Does를 문장 맨 앞에 써서 만들어요. 긍정으로 대답할 때는 Yes, she[he] does., 부정으로 대답할 때는 No, she[he] doesn't.를 쓰면 됩니다.

do동사	주어	동사원형	무엇	뜻
Does	she	have	a jacket?	그녀는 재킷이 있나요?
Does	he	have	a sweater?	그는 스웨터가 있나요?

Step 1   단어 파악하기   단어를 듣고, 따라 말한 후 써 보세요.

1 coat 코트

2 T-shirt 티셔츠

3 dress 드레스

4 skirt 치마

5 vest 조끼

6 swimsuit 수영복

7 hoodie 후드티

8 scarf 스카프

9 raincoat 비옷

10 blouse 블라우스

A 듣고, 따라 말한 후 완전한 문장을 써 보세요.

1 Does + she + have + a coat? ⇨

2 Does + she + have + a skirt? ⇨

3 Does + she + have + a dress? ⇨

4 Does + he + have + a T-shirt? ⇨

5 Does + he + have + a vest? ⇨

6 Does + he + have + a raincoat? ⇨

B 듣고, 문장의 빈칸을 채운 후 전체 문장을 다시 써 보세요.

1 _____ have a T-shirt? ⇨

2 _____ have a dress? ⇨

3 _____ a swimsuit? ⇨

4 _____ a hoodie? ⇨

5 Does he _____ ? ⇨

6 Does _____ ? ⇨

100

A 주어진 말을 바르게 배열해 문장을 완성하세요. 듣고, 문장 확인 후 뜻을 써 보세요.

1 she / have / Does / a blouse? ⇨ ....

2 have / Does / she / a dress? ⇨ ....

3 a skirt? / Does / she / have ⇨ ....

4 he / Does / a vest? / have ⇨ ....

5 Does / have / he / a swimsuit? ⇨ ....

6 a raincoat? / have / he / Does ⇨ ....

B 그림을 보고, 아래에서 알맞은 단어를 골라 문장을 써 보세요.

A: 그녀는 스카프가 있나요?
B: 아뇨, 그녀는 없어요.

A: _____

B: _____

coat   vest   swimsuit   hoodie   scarf   raincoat

CHECK! CHECK! ☐ 첫 글자는 대문자로 썼나요?   ☐ 구두점을 찍었나요?   ☐ 단어와 단어 사이는 띄어 썼나요?

A 우리말 뜻을 보고, 주어진 철자를 배열해 단어를 바르게 써 보세요.

1 바이올린 i v l o i n

2 트라이앵글 r t i a g n e l

3 역사 i h s o t y r

4 자 u r e l r

B 그림을 보고, <보기>에서 알맞은 문장을 골라 써 보세요.

1

2

3

4

5

보기

They don't have social studies class.   He doesn't play the flute.

Do we have a pencil?   Do they have a notebook?   I don't like bees.

C 주어진 말을 바르게 배열해 문장을 완성하세요.

1 don't / like / I / cucumbers ⇨

2 doesn't / play / He / the tambourine ⇨

3 have / don't / music class / We ⇨

4 have / You / don't / science class ⇨

5 a swimsuit? / Does / have / he ⇨

D 문장의 우리말 뜻을 보고, <u>틀린</u> 부분을 찾아 알맞게 고쳐 보세요.

1 I Doesn'T Like beans. ⇨
나는 콩을 좋아하지 않아요.

2 he Don't Play the violin. ⇨
그는 바이올린을 연주하지 않아요.

3 They doesN't hAve geography class. ⇨
그들은 지리 수업이 없어요.

4 we doesn'T have English class. ⇨
우리는 영어 수업이 없어요.

5 Does tHey Have an eraser? ⇨
그들은 지우개가 있나요?

6 do shE have a Blouse? ⇨
그녀는 블라우스가 있나요?

명령문 패턴 문장 쓰기

미리 알아두기 **명령문의 형태를 익혀요!**

'창문 좀 열어', '뛰면 안 돼'처럼
상대방에게 무엇을 하라고 명령하는 문장을 '명령문'이라고 해요.
명령문은 보통 바로 앞에 있는
상대방(You)에게 직접 이야기하는 것이므로
주어를 생략하고 동사원형으로 시작해요.
반면에 '우리 야구하자'처럼 상대방에게 함께 하자고 권유 또는 제안할 때는
청유문을 쓰는데, 이때는 Let's로 시작해요.

명령	긍정 명령문	**Open the window.**(창문 좀 열어.) **Close the door, please.**(문 좀 닫아 주세요.)
	부정 명령문	**Don't run.**(뛰면 안 돼.) **Don't be late, please.**(늦지 말아 주세요.)
청유, 제안	청유문	**Let's play baseball.**(우리 야구하자.)

Unit 01 Open the window.

Step 0 패턴 이해하기

Open the window.(창문을 여세요.)처럼 상대방에게 무엇을 하라고 명령하는 문장을 '명령문'이라고 해요. 명령문은 바로 앞에 있는 상대방(You)에게 하는 말이기 때문에 주어는 생략하고 동사원형으로 시작해요. please를 문장 맨 앞이나 맨 뒤에 붙이면 좀 더 공손한 표현이 돼요.

동사원형	무엇	뜻
Open	the window.	창문을 여세요.
Close	the door, please.	문 좀 닫아 주세요.

* please ~해 주세요

Step 1 단어 파악하기
표현을 듣고, 따라 말한 후 써 보세요.

1 be kind 친절하다

2 be quiet 조용히 하다

3 brush your teeth 이를 닦다

4 wear your hat 모자를 쓰다

5 tie your shoelaces 신발끈을 묶다

6 take your umbrella 우산을 가져가다

7 wash your hands 손을 씻다

8 clean your room 방을 치우다

Step 2 패턴 문장 뼈대 잡기

A 듣고, 따라 말한 후 완전한 문장을 써 보세요.

1 Be + kind. ⇨

2 Be + quiet, please. ⇨

3 Wash + your hands. ⇨

4 Take + your umbrella. ⇨

5 Brush + your teeth. ⇨

6 Wear + your hat, please. ⇨

B 듣고, 문장의 빈칸을 채운 후 전체 문장을 다시 써 보세요.

1 _____ quiet. ⇨

2 _____ kind, _____. ⇨

3 _____ hands. ⇨

4 Brush _____. ⇨

5 _____, please. ⇨

6 Take _____. ⇨

Step 3 패턴 문장 만들기

A 주어진 말을 바르게 배열해 문장을 완성하세요. 듣고, 문장 확인 후 뜻을 써 보세요.

1 your / Tie / shoelaces   ⇨ _____

2 kind / Be   ⇨ _____

3 please / quiet, / Be   ⇨ _____

4 hat / Wear / your   ⇨ _____

5 Brush / teeth, / your / please   ⇨ _____

6 the / Close / door, / please   ⇨ _____

B 그림을 보고, 아래에서 알맞은 표현을 골라 문장을 써 보세요.

창문을 여세요.
당신 방 좀 치워 주세요.

_____
_____

take your umbrella   brush your teeth   clean your room   open the window

CHECK! CHECK!   ☐ 첫 글자는 대문자로 썼나요?   ☐ 구두점을 찍었나요?   ☐ 단어와 단어 사이는 띄어 썼나요?

Step 0 패턴 이해하기

어떤 행동을 하지 말라고 할 때 Don't로 시작하는 부정 명령문을 쓰는데, 긍정 명령문처럼 주어를 생략하고 Don't 다음에 동사원형을 써요. please를 붙이면 좀 더 공손한 표현이 돼요.

do동사 + not (Do not = Don't)	동사원형	뜻
Don't	run.	뛰지 마세요.
Don't	be late, please.	늦지 말아 주세요.

Step 1 단어 파악하기 단어와 표현을 듣고, 따라 말한 후 써 보세요.

1 kick (발로) 차다

2 be sorry 미안하다

3 push 밀다

4 pull 당기다

5 jump 뛰다, 점프하다

6 enter 들어가다

7 hit 때리다

8 touch 만지다

9 fight 싸우다

10 be loud 시끄럽다

패턴 문장 뼈대 잡기

A 듣고, 따라 말한 후 완전한 문장을 써 보세요.

1 Don't + kick.

2 Don't + fight, please.

3 Don't + push.

4 Don't + pull, please.

5 Don't + jump.

6 Don't + enter, please.

B 듣고, 문장의 빈칸을 채운 후 전체 문장을 다시 써 보세요.

1 _____ hit.

2 _____ touch, _____.

3 _____ loud.

4 Don't _____, _____.

5 _____, _____.

6 _____.

A 주어진 말을 바르게 배열해 문장을 완성하세요. 듣고, 문장 확인 후 뜻을 써 보세요.

1 Don't / late / be ⇨ _____

2 please / Don't / jump, ⇨ _____

3 enter, / please / Don't ⇨ _____

4 sorry, / Don't / be / please ⇨ _____

5 run / Don't ⇨ _____

6 please / Don't / touch, ⇨ _____

B 그림을 보고, 아래에서 알맞은 단어나 표현을 골라 문장을 써 보세요.

싸우지 마세요.
시끄럽게 하지
말아 주세요.

_____

_____

| pull | be sorry | jump | fight | kick | be loud |

CHECK! CHECK! ☐ 첫 글자는 대문자로 썼나요? ☐ 구두점을 찍었나요? ☐ 단어와 단어 사이는 띄어 썼나요?

Unit 03 Let's play baseball.

Step 0 패턴 이해하기

Let's ~는 '~하자'라는 뜻으로, Let's 뒤에는 동사원형을 써요. 무언가를 함께 하자고 권할 때 사용하는 표현으로 긍정으로 답할 때는 Okay., 거절할 때는 Sorry, I can't.라고 할 수 있어요.

Let's	동사원형	무엇	뜻
Let's	play	baseball.	우리 야구하자.
Let's	eat	ice cream.	우리 아이스크림 먹자.

* play 경기를 하다, (악기를) 연주하다

Step 1 단어 파악하기   표현을 듣고, 따라 말한 후 써 보세요.

109

1 play basketball 농구를 하다

2 play soccer 축구를 하다

3 play tennis 테니스 치다

4 play badminton 배드민턴 치다

5 play volleyball 배구를 하다

6 fly a kite 연을 날리다

7 study English 영어를 공부하다

8 build a snowman 눈사람을 만들다

Step 2 패턴 문장 뼈대 잡기

A 듣고, 따라 말한 후 완전한 문장을 써 보세요.

1 Let's + play + basketball. ⇨

2 Let's + play + soccer. ⇨

3 Let's + play + tennis. ⇨

4 Let's + play + baseball. ⇨

5 Let's + fly + a kite. ⇨

6 Let's + study + English. ⇨

B 듣고, 문장의 빈칸을 채운 후 전체 문장을 다시 써 보세요.

1 _____ play volleyball. ⇨

2 _____ play badminton. ⇨

3 _____ a kite. ⇨

4 _____ soccer. ⇨

5 Let's eat _____ . ⇨

6 Let's _____ . ⇨

Step 3 패턴 문장 만들기

A 주어진 말을 바르게 배열해 문장을 완성하세요. 듣고, 문장 확인 후 뜻을 써 보세요.

1 Let's / baseball / play ⇨ _____

       _____

2 math / study / Let's ⇨ _____

       _____

3 study / English / Let's ⇨ _____

       _____

4 ice cream / Let's / eat ⇨ _____

       _____

5 tennis / play / Let's ⇨ _____

       _____

6 badminton / Let's / play ⇨ _____

       _____

B 그림을 보고, 아래에서 알맞은 단어나 표현을 골라 문장을 써 보세요.

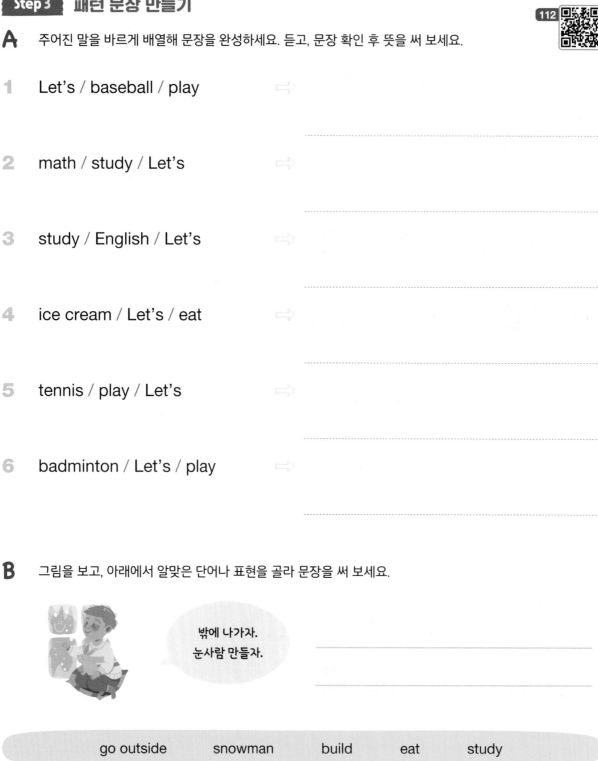

밖에 나가자.
눈사람 만들자.

_____

_____

| go outside | snowman | build | eat | study |

CHECK! CHECK! ☐ 첫 글자는 대문자로 썼나요?　　☐ 구두점을 찍었나요?　　☐ 단어와 단어 사이는 띄어 썼나요?

A 우리말 뜻을 보고, 주어진 철자를 배열해 단어를 바르게 써 보세요.

1 청소하다 a l c e n

2 만지다 h o t u c

3 (칫)솔질을 하다 r b u h s

4 야구 a b s b e a l l

B 그림을 보고, <보기>에서 알맞은 문장을 골라 써 보세요.

1

2

3

4

5

보기

Don't push.　　Wash your hands.

Take your umbrella.　　Let's fly a kite.　　Don't fight, please.

C 주어진 말을 바르게 배열해 문장을 완성하세요.

1 teeth / Brush / your ⇨

2 Let's / English / study ⇨

3 Wear / hat, / please / your ⇨

4 tennis / play / Let's ⇨

5 jump / Don't ⇨

D 문장을 보고, <u>틀린</u> 부분을 알맞게 고쳐 보세요.

1 don't Is Loud. ⇨
시끄럽게 하지 마세요.

2 are Quiet, pLease. ⇨
조용히 해 주세요.

3 don'T Runs. ⇨
뛰지 마세요.

4 let's builDs A snowman. ⇨
눈사람을 만들자.

5 Doesn't Be Late. ⇨
늦지 마세요.

6 opeNs The Window. ⇨
창문을 여세요.

PART 4

현재진행형 패턴 문장 쓰기

미리 알아두기 **현재진행형의 형태를 익혀요!**

'나는 그림을 그리고 있어요'처럼 지금 하고 있는 일이나
동작에 대해서 이야기할 때 '현재진행형'을 써서 표현해요.
현재진행형은 'be + 동사원형-ing'로 만드는데
대부분의 동사는 -ing만 붙이면 되지만,
run → running, dance → dancing처럼 철자가 달라지는 경우도 있어요.
be동사는 주어에 따라 am/are/is로 달라집니다.

주어	be동사	-ing	의미
I	am	**draw**ing.	나는 그림을 그리고 있어요.
You We They	are	**danc**ing.	당신은 우리는 } 춤을 추고 있어요. 그들은
He She It	is	**runn**ing.	그는 그녀는 } 달리고 있어요. 그것은

Unit 01 I am drawing a bird.

Step 0 패턴 이해하기

I am -ing는 '나는 ~하고 있어요'라는 뜻이에요. '나는 그림을 그리고 있어요'처럼 지금 하고 있는 일이나 동작에 대해서 이야기할 때는 'be + 동사원형-ing' 형태의 현재진행형을 사용해요. 이때 be동사는 주어에 따라 am/are/is를 사용해야 해요.

주어	be동사	동사원형+-ing	무엇	뜻
I	am	drawing	a bird.	나는 새를 그리고 있어요.
They	are	coloring	a tree.	그들은 나무를 색칠하고 있어요.

Step 1 단어 파악하기 표현을 듣고, 따라 말한 후 써 보세요.

1 read → read**ing** a book
읽다 　　　 책을 읽고 있는

reading a book

2 watch → watch**ing** a movie
보다 　　　 영화를 보고 있는

3 eat → eat**ing** a snack
먹다 　　　 간식을 먹고 있는

4 water → water**ing** plants
물 주다 　　　 식물에 물을 주고 있는

5 play → play**ing** the violin
연주하다 　　　 바이올린을 연주하고 있는

6 sing → sing**ing** songs
노래하다 　　　 노래를 부르고 있는

7 build → build**ing** a sandcastle
세우다 　　　 모래성을 쌓고 있는

8 buy → buy**ing** a book
사다 　　　 책을 사고 있는

A 듣고, 따라 말한 후 완전한 문장을 써 보세요.

1 I + am + reading + a book. ⇨

2 You + are + watching + a movie. ⇨

3 She + is + eating + a snack. ⇨

4 He + is + watering + plants. ⇨

5 They + are + playing + the violins. ⇨

6 We + are + singing + songs. ⇨

B 듣고, 문장의 빈칸을 채운 후 전체 문장을 다시 써 보세요.

1 _____ watching a movie. ⇨

2 _____ drawing a bird. ⇨

3 _____ plants. ⇨

4 _____ a tree. ⇨

5 They are _____. ⇨

6 He _____ a snack. ⇨

A 주어진 말을 바르게 배열해 문장을 완성하세요. 듣고, 문장 확인 후 뜻을 써 보세요.

1 You / watching / are / a movie ⇨ ....

2 am / I / a book / buying ⇨ ....

3 eating / is / She / ice cream ⇨ ....

4 plants / watering / is / He ⇨ ....

5 are / singing / We / songs ⇨ ....

6 They / playing / are / the violins ⇨ ....

B 그림을 보고, 아래에서 알맞은 단어를 골라 문장을 써 보세요.

나는 노래를 하나 부르고 있어요.
그녀는 모래성을 하나 쌓고 있어요.

....

| coloring | singing | drawing | reading | building |

CHECK!
CHECK! ☐ 첫 글자는 대문자로 썼나요?   ☐ 구두점을 찍었나요?   ☐ 단어와 단어 사이는 띄어 썼나요?

Unit 02 He is not running.

Step 0 패턴 이해하기

He is not running.(그는 달리고 있지 않아요)처럼 현재진행형의 부정문은 be동사 뒤에 부정어 not을 넣어 '주어 + be + not + 동사원형-ing'로 쓰면 돼요. I am not → I'm not, is not → isn't, are not → aren't로 줄여 쓰기도 해요.

주어	be동사 + not	동사원형+-ing	뜻
He	is not (= isn't)	run**n**ing.	그는 달리고 있지 않아요.
They	are not (= aren't)	swim**m**ing.	그들은 수영하고 있지 않아요.

* run → running swim → swimming

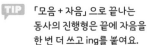 「모음 + 자음」으로 끝나는 동사의 진행형은 끝에 자음을 한 번 더 쓰고 ing를 붙여요.

Step 1 단어 파악하기   단어를 듣고, 따라 말한 후 써 보세요.

117

1 cut → cut**ting**
자르다   자르고 있는

_____

_____

2 sit → sit**ting**
앉다   앉아 있는

_____

_____

3 jog → jog**ging**
조깅하다   조깅하고 있는

_____

_____

4 hop → hop**ping**
껑충껑충 뛰다   껑충껑충 뛰고 있는

_____

_____

5 win → win**ning**
이기다   이기고 있는

_____

_____

6 shop → shop**ping**
쇼핑하다   쇼핑하고 있는

_____

_____

7 set → set**ting**
차리다   차리고 있는

_____

_____

8 hug → hug**ging**
껴안다   껴안고 있는

_____

_____

A 듣고, 따라 말한 후 완전한 문장을 써 보세요.

1 I + am + not + sitting. ⇨

2 You + are + not + cutting the paper. ⇨

3 She + is + not + jogging. ⇨

4 They + are + not + hopping. ⇨

5 We + are + not + winning. ⇨

6 He + is + not + shopping. ⇨

B 듣고, 문장의 빈칸을 채운 후 전체 문장을 다시 써 보세요.

1 _____ not jogging. ⇨

2 _____ not hopping. ⇨

3 _____ sitting. ⇨

4 _____ hugging. ⇨

5 We are _____ . ⇨

6 They _____ . ⇨

A 주어진 말을 바르게 배열해 문장을 완성하세요. 듣고, 문장 확인 후 뜻을 써 보세요.

1 running / is / He / not ⇨

_____

2 not / She / is / jogging ⇨

_____

3 are / hopping / They / not ⇨

_____

4 are / not / We / swimming ⇨

_____

5 winning / not / are / They ⇨

_____

6 You / not / setting the table / are ⇨

_____

B 그림을 보고, 아래에서 알맞은 단어를 골라 문장을 써 보세요.

그들은 껴안고 있지 않아요.
나는 껑충껑충 뛰고 있지
않아요.

_____

_____

| running | hopping | sitting | shopping | winning | hugging |

CHECK!
CHECK!
☐ 첫 글자는 대문자로 썼나요?   ☐ 구두점을 찍었나요?   ☐ 단어와 단어 사이는 띄어 썼나요?

Unit 02 He is not running.   **119**

Unit 03 Are they baking cookies?

Step 0 패턴 이해하기

Are they baking cookies?(그들은 쿠키를 굽고 있어요?)처럼 현재 하고 있는 일을 물어보는 의문문을 만들 때는 be동사를 문장 맨 앞으로 보내면 돼요. 주어가 they[we/you]일 때는 be동사 are를 쓰면 됩니다. 대답이 긍정일 때는 Yes, they[we/you] are., 부정일 때는 No, they[we/you] are not.을 쓰면 됩니다.

be동사	주어	동사원형+-ing	무엇/어떻게	뜻
Are	they	baking	cookies?	그들은 쿠키를 굽고 있어요?
Are	we	dancing	well?	우리는 춤을 잘 추고 있어요?

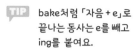 bake처럼 「자음＋e」로 끝나는 동사는 e를 빼고 ing를 붙여요.

* bake → baking   dance → dancing
well 잘

Step 1 단어 파악하기   표현을 듣고, 따라 말한 후 써 보세요.

 121

① ride → rid**ing** a bike
타다   자전거를 타고 있는

② dance → danc**ing** well
춤추다   춤을 잘 추고 있는

③ write → writ**ing** a letter
쓰다   편지를 쓰고 있는

④ drive → driv**ing** a car
운전하다   차를 운전하고 있는

⑤ make → mak**ing** a cake
만들다   케이크를 만들고 있는

⑥ hide → hid**ing** a present
숨기다   선물을 숨기고 있는

⑦ smile → smil**ing** brightly
미소 짓다   환하게 미소를 짓고 있는

⑧ move → mov**ing** fast
움직이다   빨리 움직이고 있는

Step 2 패턴 문장 뼈대 잡기

A 듣고, 따라 말한 후 완전한 문장을 써 보세요.

1 Are + you + riding + a bike? ⇨

2 Are + we + dancing + well? ⇨

3 Are + you + writing + a letter? ⇨

4 Are + they + driving + a car? ⇨

5 Are + you + making + a cake? ⇨

6 Are + we + hiding + a present? ⇨

B 듣고, 문장의 빈칸을 채운 후 전체 문장을 다시 써 보세요.

1 _____ smiling brightly? ⇨

2 _____ dancing well? ⇨

3 _____ a bike? ⇨

4 _____ a car? ⇨

5 Are you _____ ? ⇨

6 Are _____ ? ⇨

Step 3 패턴 문장 만들기

A 주어진 말을 바르게 배열해 문장을 완성하세요. 듣고, 문장 확인 후 뜻을 써 보세요.

1 you / Are / baking / cookies? ⇨ ....

2 riding / Are / they / a bike? ⇨ ....

3 Are / writing / a letter? / you ⇨ ....

4 we / making / Are / a cake? ⇨ ....

5 moving fast? / we / Are ⇨ ....

6 well? / dancing / they / Are ⇨ ....

B 그림을 보고, 아래에서 알맞은 단어를 골라 문장을 써 보세요.

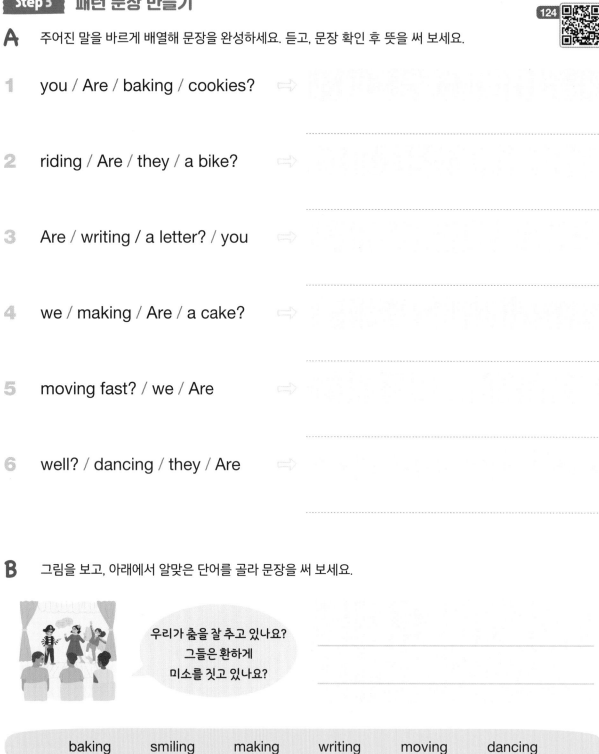

우리가 춤을 잘 추고 있나요?
그들은 환하게
미소를 짓고 있나요?

....

....

| baking | smiling | making | writing | moving | dancing |

CHECK! CHECK! ☐ 첫 글자는 대문자로 썼나요?   ☐ 구두점을 찍었나요?   ☐ 단어와 단어 사이는 띄어 썼나요?

Unit 04 Is he practicing the piano?

Step 0 패턴 이해하기

현재진행형의 의문문을 만들 때는 be동사를 문장 맨 앞으로 보내면 된다고 했어요. 주어가 he[she/it]일 때 be동사는 is라서 Is he[she/it] ~?로 쓰면 됩니다. 대답이 긍정일 때는 Yes, he[she/it] is., 부정일 때는 No, he[she/it] isn't.를 쓰면 됩니다.

be동사	주어	동사원형+-ing	무엇	뜻
Is	he	practicing	the piano?	그는 피아노를 연습하고 있나요?
Is	she	changing	clothes?	그녀는 옷을 갈아 입고 있나요?

* practice → practicing   change → changing

Step 1 단어 파악하기   표현을 듣고, 따라 말한 후 써 보세요.

1 use → us**ing** a cell phone
사용하다   휴대전화를 사용하고 있는

2 fly → fly**ing** a drone
날리다   드론을 날리고 있는

3 cook → cook**ing** dinner
요리하다   저녁을 요리하고 있는

4 feed → feed**ing** the cats
먹이를 주다   고양이들에게 먹이를 주고 있는

5 open → open**ing** the door
열다   문을 열고 있는

6 close → clos**ing** the window
닫다   창문을 닫고 있는

7 throw → throw**ing** a ball
던지다   공을 던지고 있는

8 plan → plan**ning** a trip
계획하다   여행을 계획하고 있는

Step 2 패턴 문장 뼈대 잡기

A 듣고, 따라 말한 후 완전한 문장을 써 보세요.

1 Is + he + using + a cell phone? ⇨

2 Is + she + flying + a drone? ⇨

3 Is + he + cooking + dinner? ⇨

4 Is + she + feeding + the cats? ⇨

5 Is + he + opening + the door? ⇨

6 Is + she + closing + the window? ⇨

B 듣고, 문장의 빈칸을 채운 후 전체 문장을 다시 써 보세요.

1 flying a drone? ⇨

2 practicing the piano? ⇨

3 the cats? ⇨

4 dinner? ⇨

5 Is he ? ⇨

6 Is a trip? ⇨

A 주어진 말을 바르게 배열해 문장을 완성하세요. 듣고, 문장 확인 후 뜻을 써 보세요.

1 he / using / Is / a cell phone? ⇨

----

2 opening / she / Is / the door? ⇨

----

3 clothes? / changing / he / Is ⇨

----

4 the window? / closing / she / Is ⇨

----

5 she / planning / a trip / Is ⇨

----

6 a kite? / he / flying / Is ⇨

B 그림을 보고, 아래에서 알맞은 단어를 골라 문장을 써 보세요.

그는 공을 던지고 있나요?
그녀는 상자를 열고 있나요?

| throwing | flying | balling | opening | cooking | box |

CHECK! CHECK! ☐ 첫 글자는 대문자로 썼나요?　　☐ 구두점을 찍었나요?　　☐ 단어와 단어 사이는 띄어 썼나요?

A 우리말 뜻을 보고, 주어진 철자를 배열해 단어를 바르게 써 보세요.

1 식물 l p a t n

2 타다 i d r e

3 껑충껑충 뛰다 o h p

4 조깅하다 o j g

B 그림을 보고, <보기>에서 알맞은 문장을 골라 써 보세요.

1

2

3

4

5

보기

You are not cutting the paper.   She is not shopping.
She is coloring a tree.   Are you dancing well?   Is he using a cell phone?

C 주어진 말을 바르게 배열해 문장을 완성하세요.

1 watering / is / He / plants ⇨

2 making / Are / you / a cake? ⇨

3 sitting / I / not / am ⇨

4 are / running / not / They ⇨

5 is / a snack / She / eating ⇨

D 문장의 우리말 뜻을 보고, 틀린 부분을 찾아 알맞게 고쳐 보세요.

1 you Are Watching a movie. ⇨
당신은 영화를 보고 있군요.

2 am he Feeding the Cats? ⇨
그는 고양이들에게 먹이를 주고 있나요?

3 we is singinG songs. ⇨
우리는 노래를 부르고 있어요.

4 he Am not Swimming. ⇨
그는 수영하고 있지 않아요.

5 am She Practicing the piano? ⇨
그녀는 피아노를 연습하고 있나요?

6 is You Moving fast? ⇨
당신은 빨리 움직이고 있나요?

PART

5

과거동사 패턴 문장 쓰기

미리 알아두기 **과거동사의 형태를 익혀요!**

'나는 프랑스에 있었어요'처럼
지나간 일의 상태에 대해서 이야기할 때는 be동사를 써서 표현해요.
이때 be동사는 주어에 따라 was나 were를 써요.

주어	be동사
I	**am**(~이다) - **was**(~였다)
You We They	**are**(~이다) - **were**(~였다)
He She It	**is**(~이다) - **was**(~였다)

'우리는 집을 청소했어요'처럼 과거의 동작에 대해서 말할 때는 일반동사를 써요.
일반동사의 과거형을 만들 때는 보통 -ed만 붙이면 되는데
이 규칙을 따르지 않는 불규칙 동사들도 있어요.

규칙 동사	불규칙 동사
clean(청소하다) - **cleaned**(청소했다)	**eat**(먹다) - **ate**(먹었다)
finish(끝내다) - **finished**(끝냈다)	**ride**(타다) - **rode**(탔다)
cook(요리하다) - **cooked**(요리했다)	**write**(쓰다) - **wrote**(썼다)
play(연주하다) - **played**(연주했다)	**drive**(운전하다) - **drove**(운전했다)
talk(말하다) - **talked**(말했다)	**drink**(마시다) - **drank**(마셨다)
walk(걷다) - **walked**(걸었다)	**swim**(수영하다) - **swam**(수영했다)
visit(방문하다) - **visited**(방문했다)	**see**(보다) - **saw**(봤다)
listen(듣다) - **listened**(들었다)	**fall**(떨어지다) - **fell**(떨어졌다)

Unit 01 I was in France.

Step 0 패턴 이해하기

'나는 프랑스에 있었어요'처럼 과거의 상태에 대해 말할 때는 '주어 + was[were] ~'를 써서 표현할 수 있어요. 주어가 I[He/She/It]일 때는 be동사의 과거형 was를 쓰고, You[We/They]일 때는 were를 써요.

주어	be동사 과거형	어디에	뜻
I	was	in France.	나는 프랑스에 있었어요.
You	were	in India.	당신은 인도에 있었어요.

Step 1 단어 파악하기 단어를 듣고, 따라 말한 후 써 보세요.

129

1 Canada 캐나다

2 Vietnam 베트남

3 the U.S. 미국(= the US)

4 the U.K. 영국(= the UK)

5 China 중국

6 Japan 일본

7 Spain 스페인

8 Mexico 멕시코

9 Germany 독일

10 Singapore 싱가포르

130

A 듣고, 따라 말한 후 완전한 문장을 써 보세요.

1 I + was + in Japan. ⇨

2 She + was + in Vietnam. ⇨

3 He + was + in the U.S. ⇨

4 You + were + in Spain. ⇨

5 We + were + in the U.K. ⇨

6 They + were + in China. ⇨

131

B 듣고, 문장의 빈칸을 채운 후 전체 문장을 다시 써 보세요.

1 _____ was in France. ⇨

2 _____ were in Mexico. ⇨

3 _____ in the U.K. ⇨

4 _____ in Vietnam. ⇨

5 They were _____ . ⇨

6 We _____ . ⇨

Step 3 패턴 문장 만들기

A 주어진 말을 바르게 배열해 문장을 완성하세요. 듣고, 문장 확인 후 뜻을 써 보세요.

1 I / in / was / India ⇨

....

2 were / You / China / in ⇨

....

3 in / was / She / Mexico ⇨

....

4 He / Canada / was / in ⇨

....

5 were / We / in / Vietnam ⇨

....

6 Japan / in / They / were ⇨

....

B 그림을 보고, 아래에서 알맞은 단어를 골라 문장을 써 보세요.

나는 싱가포르에 있었어요.
당신은 독일에 있었어요.

....

....

| Japan | the U.K. | Singapore | Spain | Germany | Mexico |

CHECK! CHECK! ☐ 첫 글자는 대문자로 썼나요?   ☐ 구두점을 찍었나요?   ☐ 단어와 단어 사이는 띄어 썼나요?

Unit 02 He was not angry.

Unit 02

Step 0 패턴 이해하기

'주어 + was[were] not ~'은 '…은 ~이 아니었어요/~하지 않았어요'라는 뜻이에요. '그는 화나지 않았어요'처럼 과거의 상태에 대해 부정문으로 말할 때 써요. 부정문을 만들 때는 was[were] 다음에 not을 붙이면 돼요.

주어	be동사 과거형 + not	어떠한	뜻
He	was not (= wasn't)	angry.	그는 화나지 않았어요.
They	were not (= weren't)	weak.	그들은 약하지 않았어요.

 TIP was[were] not은 줄여서 wasn't, weren't라고 할 수도 있어요.

Step 1 단어 파악하기   단어를 듣고, 따라 말한 후 써 보세요.

[133]

1 weak 약한

2 polite 공손한

3 mean 못된

4 honest 정직한

5 calm 침착한

6 generous 관대한

7 responsible 책임감 있는

8 careful 조심하는

9 silly 어리석은

10 positive 긍정적인

A 듣고, 따라 말한 후 완전한 문장을 써 보세요.

1   I + was + not + weak.   ⇨

2   You + were + not + polite.   ⇨

3   He + was + not + mean.   ⇨

4   She + was + not + honest.   ⇨

5   We + were + not + diligent.   ⇨

6   They + were + not + responsible.   ⇨

B 듣고, 문장의 빈칸을 채운 후 전체 문장을 다시 써 보세요.

1   _____ was not honest.   ⇨

2   _____ was not mean.   ⇨

3   _____ not calm.   ⇨

4   _____ not responsible.   ⇨

5   He was _____.   ⇨

6   They _____.   ⇨

A 주어진 말을 바르게 배열해 문장을 완성하세요. 듣고, 문장 확인 후 뜻을 써 보세요.

1   not / was / I / diligent   ⇨ _____

2   He / generous / was / not   ⇨ _____

3   lazy / not / was / She   ⇨ _____

4   were / We / not / positive   ⇨ _____

5   You / mean / were / not   ⇨ _____

6   silly / not / were / They   ⇨ _____

B 그림을 보고, 아래에서 알맞은 단어를 골라 문장을 써 보세요.

그는 조심하지 않았어요.
나는 화나지 않았어요.

_____

_____

angry	diligent	honest	careful	responsible	mean

CHECK! CHECK!   ☐ 첫 글자는 대문자로 썼나요?   ☐ 구두점을 찍었나요?   ☐ 단어와 단어 사이는 띄어 썼나요?

Unit 03 Was he at the cinema?

Step 0 패턴 이해하기

'Was[Were] + 주어 ~?'는 '…은 ~이었나요/~에 있었나요?'라는 뜻이에요. be동사의 과거 의문문을 만들 때는 be동사의 과거형을 문장 맨 앞으로 보내면 돼요. 대답이 긍정일 때는 'Yes, 주어(대명사) + was[were].'를 쓰고, 부정일 때는 보통 줄여서 'No, 주어(대명사) + wasn't[weren't].'를 써요.

be동사 과거형	주어	어디에	뜻
Was	he	at the cinema?	그는 영화관에 있었나요?
Were	you	at the festival?	당신은 축제에 있었나요?

Step 1 단어 파악하기 표현을 듣고, 따라 말한 후 써 보세요.

137

1 at the beach 바닷가에
_____
_____

2 at the concert 콘서트에
_____
_____

3 at the festival 축제에
_____
_____

4 at the flea market 벼룩시장에
_____
_____

5 at the book fair 도서 전시회에
_____
_____

6 at home 집에
_____
_____

7 at the farm 농장에
_____
_____

8 at the pajama party 파자마 파티에
_____
_____

패턴 문장 뼈대 잡기

138

A 듣고, 따라 말한 후 완전한 문장을 써 보세요.

1 Was + she + at the beach? ⇨

2 Was + he + at the contest? ⇨

3 Were + you + at the festival? ⇨

4 Were + we + at the farm? ⇨

5 Was + I + at the book fair? ⇨

6 Were + they + at the flea market? ⇨

139

B 듣고, 문장의 빈칸을 채운 후 전체 문장을 다시 써 보세요.

1 _____ he at home? ⇨

2 _____ she at the festival? ⇨

3 _____ at the beach? ⇨

4 _____ at the flea market? ⇨

5 Was I at _____ ? ⇨

6 Were we _____ ? ⇨

Step 3 **패턴 문장 만들기**

A 주어진 말을 바르게 배열해 문장을 완성하세요. 듣고, 문장 확인 후 뜻을 써 보세요.

1 Was / at / the cinema? / she ⇨ ....

2 you / at / Were / the beach? ⇨ ....

3 I / at / Was / the book fair? ⇨ ....

4 they / Were / the farm? / at ⇨ ....

5 Were / at / we / the concert? ⇨ ....

6 he / the festival? / Was / at ⇨ ....

B 그림을 보고, 아래에서 알맞은 단어를 골라 문장을 써 보세요.

그는 농장에 있었나요?
그들은 축제에 있었나요?

....

....

festival   concert   flea market   book fair   farm   pajama party

CHECK! CHECK! ☐ 첫 글자는 대문자로 썼나요?   ☐ 구두점을 찍었나요?   ☐ 단어와 단어 사이는 띄어 썼나요?

A 우리말 뜻을 보고, 주어진 철자를 배열해 단어를 바르게 써 보세요.

1 공손한 o e p t l i

2 캐나다 a C n a a d

3 멕시코 e M x c i o

4 축제 e s a t i f v l

B 그림을 보고, <보기>에서 알맞은 문장을 골라 써 보세요.

1

2

3

4

You're kind.

5

보기

We were not diligent.   He was not mean.

Was he at the book fair?   She was in Vietnam.   Were they at the beach?

C 주어진 말을 바르게 배열해 문장을 완성하세요.

1 was / in the U.S. / He   ⇨

2 in France / I / was   ⇨

3 not / We / were / angry   ⇨

4 at the flea market? / you / Were ⇨

5 not / They / generous / were   ⇨

D 문장의 우리말 뜻을 보고, 틀린 부분을 찾아 알맞게 고쳐 보세요.

1 they Was iN Germany.   ⇨
그들은 독일에 있었어요.

2 hE were Not honest.   ⇨
그는 정직하지 않았어요.

3 were He At the book fair?   ⇨
그는 도서 전시회에 있었나요?

4 wE Was In the U.K.   ⇨
우리는 영국에 있었어요.

5 she were Not responsible.   ⇨
그녀는 책임감이 없었어요.

6 was You At the pajama party? ⇨
당신은 파자마 파티에 있었나요?

Unit 04 We cleaned the floor.

과거에 했던 동작이나 상태를 말할 때는 동사의 과거형을 써야 해요. 일반동사의 과거형을 만들 때는 보통 동사 뒤에 -ed를 붙이면 돼요. 일반동사 과거형은 주어에 따라 바뀌지 않아요.

주어	규칙 과거동사	무엇	뜻
We	cleaned	the floor.	우리는 바닥을 청소했어요.
She	washed	the dishes.	그녀는 설거지를 했어요.

* wash the dishes 설거지하다

Step 1 단어 파악하기   단어를 듣고, 따라 말한 후 써 보세요.

1 finish - finish**ed**
끝내다 – 끝냈다

finish   finished

3 play - play**ed** 연주하다 - 연주했다

5 want - want**ed** 원하다 - 원했다

7 climb - climb**ed** 오르다 - 올랐다

2 walk - walk**ed**
걷다, 산책시키다 - 걸었다, 산책시켰다

4 visit - visit**ed** 방문하다 - 방문했다

6 start - start**ed** 시작하다 - 시작했다

8 watch - watch**ed** 보다 - 보았다

A 듣고, 따라 말한 후 완전한 문장을 써 보세요.

1 She + finished + the work. ⇨

2 He + washed + the dishes. ⇨

3 I + played + the cello. ⇨

4 They + visited + the museum. ⇨

5 We + watched + TV. ⇨

6 You + climbed + the mountain. ⇨

B 듣고, 문장의 빈칸을 채운 후 전체 문장을 다시 써 보세요.

1 _____ cleaned the floor. ⇨

2 _____ played the violin. ⇨

3 _____ TV. ⇨

4 _____ my dog. ⇨

5 They _____ . ⇨

6 You _____ . ⇨

A 주어진 말을 바르게 배열해 문장을 완성하세요. 듣고, 문장 확인 후 뜻을 써 보세요.

1 cleaned / the floor / They ⇨ _____

_____

2 I / my dog / walked ⇨ _____

_____

3 He / the cat / wanted ⇨ _____

_____

4 visited / the museum / You ⇨ _____

_____

5 We / the dishes / washed ⇨ _____

_____

6 started / He / the class ⇨ _____

_____

B 그림을 보고, 아래에서 알맞은 단어를 골라 문장을 써 보세요.

그들은 동물원을 방문했어요.
나는 TV를 봤어요.

_____

_____

| zoo | walked | lion | visited | penguin | watched |

CHECK!
CHECK! ☐ 첫 글자는 대문자로 썼나요?   ☐ 구두점을 찍었나요?   ☐ 단어와 단어 사이는 띄어 썼나요?

Unit 05   I met a friend.

Step 0 패턴 이해하기

일반동사의 과거형을 만들 때는 보통 동사 뒤에 -ed만 붙이면 돼요. 그런데 met이나 rode처럼 규칙을 따르지 않는 동사들도 있어요. 이런 불규칙 동사들은 일정한 규칙이 없기 때문에 볼 때마다 그때그때 외워 둬야 해요.

주어	불규칙 과거동사	무엇	뜻
I	met	a friend.	나는 친구를 만났어요.
We	rode	our bikes.	우리는 자전거를 탔어요.

* meet - met 만나다 - 만났다   ride - rode 타다 - 탔다

Step 1 단어 파악하기   단어를 듣고, 따라 말한 후 써 보세요.

① eat - ate 먹다 - 먹었다

_____
_____

② drink - drank 마시다 - 마셨다

_____
_____

③ write - wrote 쓰다 - 썼다

_____
_____

④ sing - sang 노래하다 - 노래했다

_____
_____

⑤ see - saw 보다 - 보았다

_____
_____

⑥ fly - flew 날다, 날리다 - 날았다, 날렸다

_____
_____

⑦ buy - bought 사다 - 샀다

_____
_____

⑧ break - broke 깨다 - 깼다

_____
_____

A 듣고, 따라 말한 후 완전한 문장을 써 보세요.

1   They + ate + a salad.   ⇨

2   She + drank + milk.   ⇨

3   I + wrote + a letter.   ⇨

4   We + sang + songs.   ⇨

5   He + saw + a cat.   ⇨

6   You + broke + a window.   ⇨

147

B 듣고, 문장의 빈칸을 채운 후 전체 문장을 다시 써 보세요.

1   _____ flew a kite.   ⇨

2   _____ ate carrots.   ⇨

3   _____ water.   ⇨

4   _____ a friend.   ⇨

5   They _____ .   ⇨

6   We _____ .   ⇨

A 주어진 말을 바르게 배열해 문장을 완성하세요. 듣고, 문장 확인 후 뜻을 써 보세요.

148

1 a friend / met / I ⇨ ....

2 rode / our bikes / We ⇨ ....

3 He / a letter / wrote ⇨ ....

4 songs / They / sang ⇨ ....

5 saw / a cat / She ⇨ ....

6 a kite / You / flew ⇨ ....

B 그림을 보고, 아래에서 알맞은 단어를 골라 문장을 써 보세요.

그녀는 코트를 봤어요. ....
나는 자전거를 샀어요. ....

| had | flew | saw | broke | bought | wrote |

CHECK! CHECK! ☐ 첫 글자는 대문자로 썼나요? ☐ 구두점을 찍었나요? ☐ 단어와 단어 사이는 띄어 썼나요?

Unit 06 They didn't go to the store.

Step 0 패턴 이해하기

'그들은 가게에 가지 않았어요'처럼 과거에 하지 않았던 일을 표현하는 일반동사의 과거 부정문은 did not을 동사 앞에 붙여 만들어요. did는 do의 과거형으로 did not 다음에는 항상 동사원형을 써 줘야 해요. did not은 보통 줄여서 didn't로 써요.

주어	do의 과거형 + not	동사원형	어디에/무엇	뜻
They	did not (= didn't)	go	to the store.	그들은 가게에 가지 않았어요.
She	did not (= didn't)	buy	a toy.	그녀는 장난감을 사지 않았어요.

149

Step 1 단어 파악하기 표현을 듣고, 따라 말한 후 써 보세요.

1 make a table 탁자를 만들다

2 eat a snack 간식을 먹다

3 catch a Frisbee 프리스비를 잡다
*Frisbee: 던지기 놀이에 쓰는 플라스틱 원반

4 share a cake 케이크를 나눠 먹다

5 ask a question 질문을 하다

6 take a shower 샤워를 하다

7 send an email 이메일을 보내다

8 call a friend 친구한테 전화하다

A   듣고, 따라 말한 후 완전한 문장을 써 보세요.

1   I + did not + make a table.   ⇨

2   You + did not + eat a snack.   ⇨

3   He + did not + buy + a toy.   ⇨

4   They + didn't + go to the store.   ⇨

5   We + didn't + catch the Frisbee.   ⇨

6   They + didn't + share a cake.   ⇨

B   듣고, 문장의 빈칸을 채운 후 전체 문장을 다시 써 보세요.

1   _____ didn't go to the store.   ⇨

2   _____ didn't call a friend.   ⇨

3   _____ eat a snack.   ⇨

4   _____ catch the Frisbee.   ⇨

5   You didn't _____ .   ⇨

6   I _____ .   ⇨

A 주어진 말을 바르게 배열해 문장을 완성하세요. 듣고, 문장 확인 후 뜻을 써 보세요.

1 He / go / didn't / to the store ⇨ ....

2 buy / didn't / She / a toy ⇨ ....

3 They / a table / make / didn't ⇨ ....

4 I / ask / didn't / a question ⇨ ....

5 didn't / share / We / a cake ⇨ ....

6 send / You / an email / didn't ⇨ ....

B 그림을 보고, 주어진 단어를 이용해 문장을 써 보세요.

나는 친구한테
전화하지 않았어요.
그는 이메일을
보내지 않았어요.

....

....

call　　eat　　catch　　share　　brush　　send

CHECK!
CHECK!　☐ 첫 글자는 대문자로 썼나요?　　☐ 구두점을 찍었나요?　　☐ 단어와 단어 사이는 띄어 썼나요?

Did you buy a ticket?

Step 0 패턴 이해하기

'당신은 표를 샀어요?'처럼 과거에 있었던 일에 대해 물을 때는 do의 과거형인 did를 문장 맨 앞으로 보내서 의문문을 만들 수 있어요. did 다음에 동사는 항상 동사원형을 써 줘야 해요. 대답이 긍정일 때는 'Yes, 주어(대명사) + did.', 부정일 때는 'No, 주어(대명사) + didn't.'로 말합니다.

do의 과거형	주어	동사원형	무엇	뜻
Did	you	buy	a ticket?	당신은 표를 샀어요?
Did	she	invite	him?	그녀가 그를 초대했어요?

* invite 초대하다

Step 1 단어 파악하기   표현을 듣고, 따라 말한 후 써 보세요.

153

1 eat an apple 사과를 먹다

_____

_____

2 wash one's pet 반려동물을 씻기다

_____

_____

3 keep a diary 일기를 쓰다

_____

_____

4 call a doctor 의사를 부르다

_____

_____

5 get a haircut 머리를 자르다

_____

_____

6 go to a concert 콘서트에 가다

_____

_____

7 bring a chair 의자를 가져오다

_____

_____

8 finish a book 책 한 권을 다 읽다

_____

_____

Step 2 패턴 문장 뼈대 잡기

A 듣고, 따라 말한 후 완전한 문장을 써 보세요.

1 Did + you + eat + an apple? ⇨

2 Did + he + wash + his pet? ⇨

3 Did + she + keep + a diary? ⇨

4 Did + we + call + a doctor? ⇨

5 Did + they + go + to a concert? ⇨

6 Did + he + bring + a chair? ⇨

B 듣고, 문장의 빈칸을 채운 후 전체 문장을 다시 써 보세요.

1 _____ you buy a ticket? ⇨

2 _____ he get a haircut? ⇨

3 _____ wash her pet? ⇨

4 _____ invite him? ⇨

5 Did you _____? ⇨

6 Did _____? ⇨

A 주어진 말을 바르게 배열해 문장을 완성하세요. 듣고, 문장 확인 후 뜻을 써 보세요.

1 she / Did / an apple? / eat ⇨ _____

_____

2 Did / a doctor? / he / call ⇨ _____

_____

3 go / you / Did / to a concert? ⇨ _____

_____

4 a haircut? / get / he / Did ⇨ _____

_____

5 they / Did / him? / invite ⇨ _____

_____

6 a diary? / you / Did / keep ⇨ _____

_____

B 그림을 보고, 아래에서 알맞은 단어를 골라 문장을 써 보세요.

당신은 책 한 권을
다 읽었나요?
그는 연필을 가져왔나요?

_____

_____

| wear | invite | bring | get | finish | write |

CHECK! CHECK! ☐ 첫 글자는 대문자로 썼나요?   ☐ 구두점을 찍었나요?   ☐ 단어와 단어 사이는 띄어 썼나요?

A 우리말 뜻을 보고, 주어진 철자를 배열해 단어를 바르게 써 보세요.

1 일기 i d a y r

2 깼다 r b e k o

3 질문 u q e t s i o n

4 샤워 h s o e w r

B 그림을 보고, <보기>에서 알맞은 문장을 골라 써 보세요.

1

2

3

4

5

보기

He visited the museum.   Did she call a doctor?

He didn't catch the Frisbee.   Did you eat an apple?   They saw a cat.

주어진 말을 바르게 배열해 문장을 완성하세요.

1 watched / I / TV ⇨

2 wash / their pet? / they / Did ⇨

3 met / She / a friend ⇨

4 didn't / You / share / a cake ⇨

5 a chair? / he / Did / bring ⇨

D 문장의 우리말 뜻을 보고, 틀린 부분을 찾아 알맞게 고쳐 보세요.

1 i Bought A bike. ⇨

나는 자전거를 샀어요.

2 we Didn't goes to the store. ⇨

우리는 상점에 가지 않았어요.

3 did she invites him? ⇨

그녀가 그를 초대했나요?

4 she Walked His dog. ⇨

그녀가 그의 개를 산책시켰어요.

5 he Wash the Dishes. ⇨

그는 설거지를 했어요.

6 you Didn't makes a table. ⇨

당신은 탁자를 만들지 않았어요.

PART 6

조동사 패턴 문장 쓰기

미리 알아두기 **조동사의 형태를 익혀요!**

'나는 수영을 할 수 있다'를 영어로 어떻게 말할까요?
'~할 수 있다'란 의미의 조동사 can을 swim 앞에 써서
I can swim.이라고 하면 돼요.
can처럼 동사 앞에 와서 의미를 더해 주는 것을 '조동사'라고 해요.
조동사는 주어에 따라 변하지 않고, 뒤에는 항상 동사원형이 와요.

주어	조동사	동사원형	의미	
I **You** **We** **They** **He** **She** **It**	**can** (가능)	**swim.**	나는 너는 우리는 그들은 그는 그녀는 그것은	수영할 수 있다.
	will (미래)	**run.**	나는 너는 우리는 그들은 그는 그녀는 그것은	달릴 것이나.

Unit 01 I can swim.

Step 0 패턴 이해하기

I can ~은 1) '나는 ~할 수 있어요'라는 뜻으로, '가능'을 나타낼 때 쓸 수 있어요. can과 같은 조동사 다음에는 항상 동사원형이 와야 하고, can 자체는 주어에 따라 달라지지 않아요. 참고로, can은 2) '~해도 돼요'라는 '허가'를 말할 때도 쓸 수 있어요.

주어	조동사	동사원형	뜻
I	can	swim. 1)	나는 수영할 수 있어요.
You	can	go home now. 2)	당신은 지금 집에 가도 돼요.

Step 1 단어 파악하기 단어를 듣고, 따라 말한 후 써 보세요.

157

1 count 세다
*count to + 숫자 ~까지 세다

2 run 달리다

3 bounce 튀기다

4 skateboard 스케이트보드를 타다

5 speak 말하다

6 answer 대답하다

7 high 높이

8 fast 빨리

패턴 문장 뼈대 잡기

A 듣고, 따라 말한 후 완전한 문장을 써 보세요.

1 I + can + climb + trees. ⇨

2 You + can + count + to 100. ⇨

3 We + can + make + toys. ⇨

4 They + can + run + fast. ⇨

5 She + can + bounce + a ball. ⇨

6 He + can + skateboard. ⇨

B 듣고, 문장의 빈칸을 채운 후 전체 문장을 다시 써 보세요.

1 _____ swim. ⇨

2 _____ jump high. ⇨

3 _____ fast. ⇨

4 _____ tennis. ⇨

5 He _____ a ball. ⇨

6 She _____ . ⇨

Step 3 패턴 문장 만들기

A 주어진 말을 바르게 배열해 문장을 완성하세요. 듣고, 문장 확인 후 뜻을 써 보세요.

1 can / We / play / tennis ⇨ _____

2 I / jump / can / high ⇨ _____

3 swim / You / can ⇨ _____

4 They / bounce / can / a ball ⇨ _____

5 drive / can / He ⇨ _____

6 read / She / can / fast ⇨ _____

B 그림을 보고, 아래에서 알맞은 단어를 골라 문장을 써 보세요.

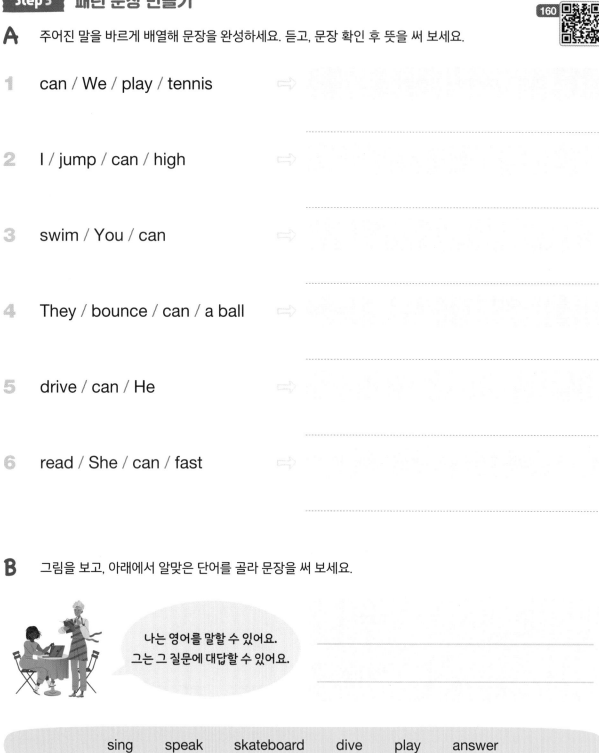

나는 영어를 말할 수 있어요.
그는 그 질문에 대답할 수 있어요.

_____

_____

sing   speak   skateboard   dive   play   answer

CHECK! CHECK!   ☐ 첫 글자는 대문자로 썼나요?   ☐ 구두점을 찍었나요?   ☐ 단어와 단어 사이는 띄어 썼나요?

He can't go to the gym.

Step 0 패턴 이해하기

can 뒤에 not을 붙인 cannot은 '~할 수 없다'라는 뜻이에요. cannot은 붙여 쓰고, cannot 다음에는 동사원형을 써야 해요. cannot은 can't로 줄여서 말할 수 있어요.

주어	can + not	동사원형	어디에/무엇	뜻
He	cannot	go	to the gym.	그는 체육관에 갈 수 없어요.
She	can't	drive	a car.	그녀는 차를 운전할 수 없어요.

Step 1 단어 파악하기 단어나 표현을 듣고, 따라 말한 후 써 보세요.

1 drawer 서랍

2 ladder 사다리

3 French 프랑스어

4 Spanish 스페인어

5 watch 시계

6 truck 트럭

7 find 찾다

8 make a fire 불을 피우다

9 hit 치다

10 fix 고치다

162

A 듣고, 따라 말한 후 완전한 문장을 써 보세요.

1 I + cannot + close + the drawer. ⇨

2 You + cannot + climb + the ladder. ⇨

3 They + cannot + open + the door. ⇨

4 She + can't + speak + French. ⇨

5 We + can't + find + the watch. ⇨

6 He + can't + fix + cars. ⇨

 163

B 듣고, 문장의 빈칸을 채운 후 전체 문장을 다시 써 보세요.

1 _____ go to the zoo. ⇨

2 _____ drive a truck. ⇨

3 _____ the ladder. ⇨

4 _____ the watch. ⇨

5 You can't _____ . ⇨

6 They _____ a fire. ⇨

A 주어진 말을 바르게 배열해 문장을 완성하세요. 듣고, 문장 확인 후 뜻을 써 보세요.

1 I / cars / can't / fix ⇨

2 a truck / can't / She / drive ⇨

3 climb / We / can't / the tree ⇨

4 the door / can't / She / open ⇨

5 You / can't / the book / find ⇨

6 speak / They / can't / Spanish ⇨

B 그림을 보고, 아래에서 알맞은 단어를 골라 문장을 써 보세요.

나는 체육관에 갈 수 없어요.
그는 영어를 말할 수 없어요.

go   open   close   speak   sit   climb

CHECK! CHECK! ☐ 첫 글자는 대문자로 썼나요?   ☐ 구두점을 찍었나요?   ☐ 단어와 단어 사이는 띄어 썼나요?

Unit 03 Can you wink?

Step 0 패턴 이해하기

'당신은 ~할 수 있어요?'라고 상대방에게 어떤 것을 할 수 있는지 묻고 싶을 때는 can을 문장 맨 앞으로 보내서 Can you ~?로 말하면 돼요. 긍정으로 대답할 때는 Yes, I can., 부정으로 대답할 때는 No, I can't.를 쓰세요. Can I ~?는 '~해도 될까요?'라는 '허가'를 구하는 표현이에요.

조동사	주어	동사원형	뜻
Can	you	wink?	당신은 윙크할 수 있어요?
Can	I	drink water?	물 좀 마셔도 될까요?

Step 1 단어 파악하기 단어를 듣고, 따라 말한 후 써 보세요.

165

1 bake 굽다

2 leap 뛰다, 뛰어오르다

3 roll 굴리다

4 wink 윙크하다

5 whistle 휘파람을 불다

6 cheetah 치타

7 golf 골프

8 like ~처럼

A 듣고, 따라 말한 후 완전한 문장을 써 보세요.

1 Can + you + bake + cookies? ⇨

2 Can + it + fly? ⇨

3 Can + he + run + like a cheetah? ⇨

4 Can + we + leap + like a frog? ⇨

5 Can + they + play + golf? ⇨

6 Can + she + make + a snowman? ⇨

B 듣고, 문장의 빈칸을 채운 후 전체 문장을 다시 써 보세요.

1 _____ you wink? ⇨

2 _____ whistle? ⇨

3 _____ fly? ⇨

4 _____ like a frog? ⇨

5 Can _____ like a cheetah? ⇨

6 Can _____ ? ⇨

A 주어진 말을 바르게 배열해 문장을 완성하세요. 듣고, 문장 확인 후 뜻을 써 보세요.

168

1 cookies? / we / Can / bake ⇨ _____

2 whistle? / they / Can ⇨ _____

3 Can / see / he / the moon? ⇨ _____

4 they / play / tennis? / Can ⇨ _____

5 your eyes? / Can / you / roll ⇨ _____

6 like a frog? / leap / Can / she ⇨ _____

B 그림을 보고, 아래에서 알맞은 단어를 골라 문장을 써 보세요.

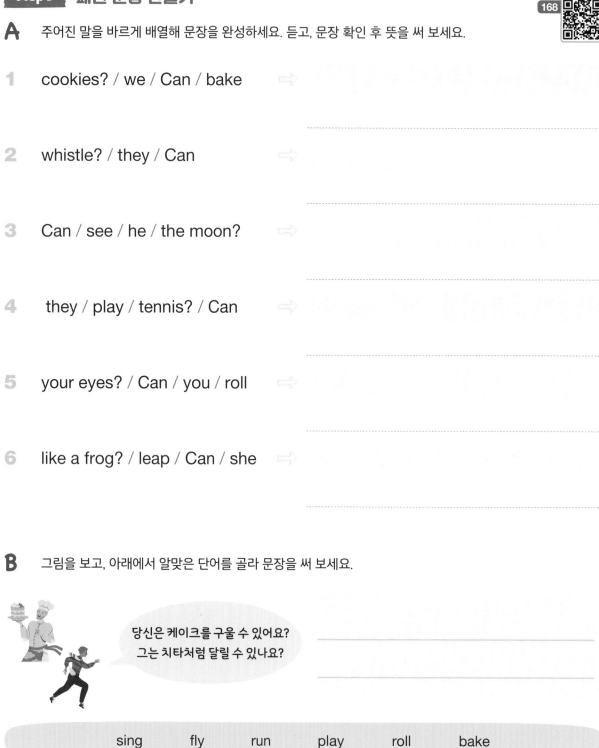

당신은 케이크를 구울 수 있어요?
그는 치타처럼 달릴 수 있나요?

_____

_____

| sing | fly | run | play | roll | bake |

CHECK!
CHECK!

☐ 첫 글자는 대문자로 썼나요?   ☐ 구두점을 찍었나요?   ☐ 단어와 단어 사이는 띄어 썼나요?

Review Test

Unit 01 ~ Unit 03

A 우리말 뜻을 보고, 주어진 철자를 배열해 단어를 바르게 써 보세요.

1 오르다 b c l i m

2 고치다 x i f

3 뛰어오르다 p e a l

4 윙크하다 n k i w

B 그림을 보고, <보기>에서 알맞은 문장을 골라 써 보세요.

1

2

3

4

5

보기

Can she bake cookies?   He can bounce a ball.
You can fix toys.   They can't close the drawer.   Can he play golf?

C   주어진 말을 바르게 배열해 문장을 완성하세요.

1   can't / cars / fix / He   ⇨

2   can / swim / We   ⇨

3   make / she / Can / a snowman? ⇨

4   skateboard / She / can   ⇨

5   cannot / climb / the ladder / You ⇨

D   문장의 우리말 뜻을 보고, 틀린 부분을 찾아 알맞게 고쳐 보세요.

1   she Can't drives a car.   ⇨
그녀는 차를 운전할 수 없어요.

2   they Can Run fast.   ⇨
그들은 빨리 달릴 수 있어요.

3   i Can plays tennis.   ⇨
나는 테니스를 칠 수 있어요.

4   you Can goes now.   ⇨
당신은 지금 가도 돼요.

5   we Can't finds the watch.   ⇨
우리는 그 시계를 찾을 수가 없어요.

6   can He sees the moon?   ⇨
그는 달을 볼 수 있나요?

Unit 04 I will go to the festival.

Step 0 패턴 이해하기

will은 미래를 나타내는 조동사로, 앞으로 일어날 일에 대해 말할 때 '~할 것이다', '~일 것이다'란 뜻으로 써요. will 다음에는 동사원형을 써야 하고, will은 주어에 따라 달라지지 않아요.

주어	조동사	동사원형	어디에/무엇	뜻
I	will	go	to the festival.	나는 축제에 갈 거예요.
She	will	sing	a song.	그녀는 노래를 부를 거예요.

Step 1 단어 파악하기   단어와 표현을 듣고, 따라 말한 후 써 보세요.

169

1 to the grocery store
식료품점에

2 fruit
과일

3 to the library   도서관에

4 book   책

5 to the beach   바닷가에

6 sandcastle   모래성

7 to the café   카페에

8 cocoa   코코아

9 to the cinema   영화관에

10 action movie   액션 영화

A 듣고, 따라 말한 후 완전한 문장을 써 보세요.

1 I + will + go + to the grocery store. ⇨

2 She + will + buy + some fruits. ⇨

3 They + will + go + to the beach. ⇨

4 We + will + make + a sandcastle. ⇨

5 You + will + go + to the café. ⇨

6 He + will + drink + cocoa. ⇨

B 듣고, 문장의 빈칸을 채운 후 전체 문장을 다시 써 보세요.

1 _____ go to the library. ⇨

2 _____ borrow books. ⇨

3 _____ to the beach. ⇨

4 _____ a sandcastle. ⇨

5 We _____ the café. ⇨

6 They _____ . ⇨

172

A 주어진 말을 바르게 배열해 문장을 완성하세요. 듣고, 문장 확인 후 뜻을 써 보세요.

1 I / go / will / to the festival ⇨ ....

2 sing / will / You / a song ⇨ ....

3 will / He / to the café / go ⇨ ....

4 She / cocoa / will / drink ⇨ ....

5 go / We / will / to the beach ⇨ ....

6 a sandcastle / make / They / will ⇨ ....

B 그림을 보고, 아래에서 알맞은 단어를 골라 문장을 써 보세요.

나는 영화관에 갈 거예요.
나는 액션 영화를 볼 거예요.

....

....

| book | cocoa | cinema | beach | action movie |

CHECK! CHECK!   ☐ 첫 글자는 대문자로 썼나요?   ☐ 구두점을 찍었나요?   ☐ 단어와 단어 사이는 띄어 썼나요?

Unit 05

He won't go to the bakery.

Step 0 패턴 이해하기

'~하지 않을 거예요'라는 뜻의 미래 부정문은 will 다음에 not을 쓰면 돼요. will not은 줄여서 won't로 말하기도 해요.

주어	will + not	동사원형	어디에/무엇	뜻
He	will not	go	to the bakery.	그는 빵집에 가지 않을 거예요.
She	won't	buy	a cake.	그녀는 케이크를 사지 않을 거예요.

173

Step 1 단어 파악하기 단어와 표현을 듣고, 따라 말한 후 써 보세요.

1 take an airplane 비행기를 타다

2 to Paris 파리에

3 to the gym 체육관에

4 exercise 운동하다

5 miss 놓치다

6 go camping 캠핑을 가다

7 wear a jacket
재킷을 입다

8 go for a walk
산책하러 가다

A 듣고, 따라 말한 후 완전한 문장을 써 보세요.

1 I + will + not + take + an airplane. ⇨

2 She + will + not + go + to Paris. ⇨

3 He + will + not + go + to the gym. ⇨

4 They + won't + exercise. ⇨

5 We + won't + visit + the farm. ⇨

6 You + won't + touch + the animals. ⇨

B 듣고, 문장의 빈칸을 채운 후 전체 문장을 다시 써 보세요.

1 _____ go to the bakery. ⇨

2 _____ go to Paris. ⇨

3 _____ exercise. ⇨

4 _____ the farm. ⇨

5 We won't _____ . ⇨

6 You _____ a jacket. ⇨

A 주어진 말을 바르게 배열해 문장을 완성하세요. 듣고, 문장 확인 후 뜻을 써 보세요.

1 She / go / won't / to the bakery ⇨ ....

2 for a walk / won't / I / go ⇨ ....

3 visit / won't / He / the farm ⇨ ....

4 the animals / We / won't / touch ⇨ ....

5 They / camping / go / won't ⇨ ....

6 the bus / miss / won't / She ⇨ ....

B 그림을 보고, 아래에서 알맞은 단어나 표현을 골라 문장을 써 보세요.

나는 운동하지 않을 거예요.
나는 도서관에 가지 않을 거예요.

....

....

| take | miss | go to | exercise | wear | build |

CHECK!
CHECK! ☐ 첫 글자는 대문자로 썼나요?   ☐ 구두점을 찍었나요?   ☐ 단어와 단어 사이는 띄어 썼나요?

Unit 06 Will it be rainy tomorrow?

Step 0 패턴 이해하기

'내일 비가 올까요?'처럼 미래의 일을 물어보는 미래 의문문은 will을 주어 앞으로 보내서 만들어요. will 뒤에는 동사 원형을 써요. 긍정으로 대답할 때는 'Yes, 주어(대명사) + will.'이라고 하고, 부정으로 답할 때는 'No, 주어(대명사) + will not.'이라고 하면 돼요. will not은 줄여서 won't로 쓸 수 있어요.

조동사	주어	동사원형	어떠한/무엇	뜻
Will	it	be	rainy tomorrow?	내일 비가 올까요?
Will	you	bring	an umbrella?	우산을 가져올 거예요?

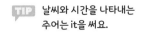 날씨와 시간을 나타내는 주어는 it을 써요.

* rainy 비가 오는

Step 1 단어 파악하기 단어와 표현을 듣고, 따라 말한 후 써 보세요.

① sunny 화창한
_____
_____

② snowy 눈이 오는
_____
_____

③ cloudy 흐린
_____
_____

④ windy 바람 부는
_____
_____

⑤ bring 가져오다
_____
_____

⑥ sunglasses 선글라스
_____
_____

⑦ tomorrow 내일
_____
_____

⑧ sweater 스웨터
_____
_____

⑨ stay 머무르다
_____
_____

⑩ have a snowball fight 눈싸움을 하다
_____
_____

A 듣고, 따라 말한 후 완전한 문장을 써 보세요.

178

1   Will + it + be cloudy + tomorrow?   ⇨

2   Will + he + stay + home?   ⇨

3   Will + it + be snowy + tomorrow?   ⇨

4   Will + she + have + a snowball fight?   ⇨

5   Will + it + be sunny + tomorrow?   ⇨

6   Will + they + bring + sunglasses?   ⇨

179

B 듣고, 문장의 빈칸을 채운 후 전체 문장을 다시 써 보세요.

1   _____ it be rainy tomorrow?   ⇨

2   _____ they bring an umbrella?   ⇨

3   _____ be cloudy tomorrow?   ⇨

4   _____ bring a jacket?   ⇨

5   Will it _____ tomorrow?   ⇨

6   Will _____ a sweater?   ⇨

A 주어진 말을 바르게 배열해 문장을 완성하세요. 듣고, 문장 확인 후 뜻을 써 보세요.

1 Will / be sunny / it / tomorrow? ⇨ _____

2 bring / Will / you / sunglasses? ⇨ _____

3 it / be rainy / Will / tomorrow? ⇨ _____

4 bring / Will / he / an umbrella? ⇨ _____

5 tomorrow? / be windy / it / Will ⇨ _____

6 a jacket? / bring / Will / she ⇨ _____

B 그림을 보고, 아래에서 알맞은 단어를 골라 문장을 써 보세요.

내일 날씨가 흐릴까요?
당신은 내일 재킷을
가져올 거예요?

_____

_____

| sunny | snowy | sunglasses | bring | cloudy | umbrella |

CHECK!
CHECK! ☐ 첫 글자는 대문자로 썼나요?   ☐ 구두점을 찍었나요?   ☐ 단어와 단어 사이는 띄어 썼나요?

A 우리말 뜻을 보고, 주어진 철자를 배열해 단어를 바르게 써 보세요.

1 과일 i u f r t

2 눈이 내리는 o y n s w

3 운동하다 x e e c r i s e

4 흐린 l c o d u y

B 그림을 보고, <보기>에서 알맞은 문장을 골라 써 보세요.

1

2

3

4

5

보기

Will they bring sunglasses?   We won't visit the farm.

She will buy some fruits.   I will not go to Paris.   Will it be snowy tomorrow?

C 주어진 말을 바르게 배열해 문장을 완성하세요.

1 books / I / borrow / will ⇨

2 He / go to / won't / the gym ⇨

3 will / the beach / go to / They ⇨

4 they / Will / an umbrella? / bring ⇨

5 need / we / a sweater? / Will ⇨

D 문장의 우리말 뜻을 보고, 틀린 부분을 찾아 알맞게 고쳐 보세요.

1 will He stays home? ⇨

그는 집에 머물 건가요?

2 she Will drinked cocoa. ⇨

그녀는 코코아를 마실 거예요.

3 we wills goes to the cinema. ⇨

우리는 영화관에 갈 거예요.

4 they Won't goes camping. ⇨

그들은 캠핑하러 가지 않을 거예요.

5 will iT is windy tomorrow? ⇨

내일 바람이 많이 불까요?

6 i will Watched An action Movie. ⇨

나는 액션 영화를 볼 거예요.

의문사 의문문 패턴 문장 쓰기

미리 알아두기 **의문사 의문문의 형태를 익혀요!**

who(누구), what(무엇), when(언제),
how(어떻게/얼마나), where(어디), why(왜) 등을 '의문사'라고 해요.
문장 맨 앞에 이 의문사들을 쓰면 궁금한 것들을 물어볼 수 있어요.
의문사 의문문으로 물어보면 Yes나 No로 대답할 수 없고,
물어보는 내용에 대해 직접 대답해 주면 됩니다.

의문사	의미
who	누구
what	무엇
when	언제
how	어떻게/얼마나
where	어디
why	왜

Step 0 **패턴 이해하기**

who는 '누구'라는 뜻의 의문사로, Who is ~?는 '~은 누구예요?'라는 의미예요. who 의문문을 만들 때는 be동사를 주어 앞으로 보내서 'Who + be동사 + 주어?' 형태로 만들어요. 대답은 '주어 + be동사 + 누구(사람)'로 할 수 있어요. 이렇게 의문사로 시작하는 의문문은 Yes나 No로 대답할 수 없어요.

질문	의문사	be동사	주어	뜻
	Who	is	she?	그녀는 누구예요?
대답	주어	be동사	누구(사람)	뜻
	She	is	my sister.	그녀는 나의 여동생이에요.

Step 1 **단어 파악하기**   단어와 표현을 듣고, 따라 말한 후 써 보세요.

181

1 my uncle 나의 삼촌

_____

_____

2 my mom 나의 엄마

_____

_____

3 his brothers 그의 형제들

_____

_____

4 Lily's sisters 릴리의 자매들

_____

_____

5 a new student 전학생

_____

_____

6 a famous chef
유명한 요리사

_____

_____

7 a smart lawyer
똑똑한 변호사

_____

_____

8 figure skaters
피겨 스케이팅 선수들

_____

_____

9 reporters 기자들

_____

_____

10 a soccer player 축구 선수

_____

_____

A 듣고, 따라 말한 후 완전한 문장을 써 보세요.

1 Who + is + he? ⇨

2 He + is + my uncle. ⇨

3 Who + are + they? ⇨

4 They + are + his brothers. ⇨

5 Who + is + she? ⇨

6 She + is + my mom. ⇨

B 듣고, 문장의 빈칸을 채운 후 전체 문장을 다시 써 보세요.

1 _____ is she? ⇨

2 _____ a new student. ⇨

3 _____ he? ⇨

4 _____ a famous chef. ⇨

5 Who _____? ⇨

6 They _____. ⇨

Step 3 패턴 문장 만들기

A 주어진 말을 바르게 배열해 문장을 완성하세요. 듣고, 문장 확인 후 뜻을 써 보세요.

1 they? / Who / are ⇨

2 They / Lily's sisters / are ⇨

3 Who / she? / is ⇨

4 is / a smart lawyer / She ⇨

5 he? / is / Who ⇨

6 a soccer player / is / He ⇨

B 그림을 보고, 아래에서 알맞은 단어를 골라 문장을 써 보세요.

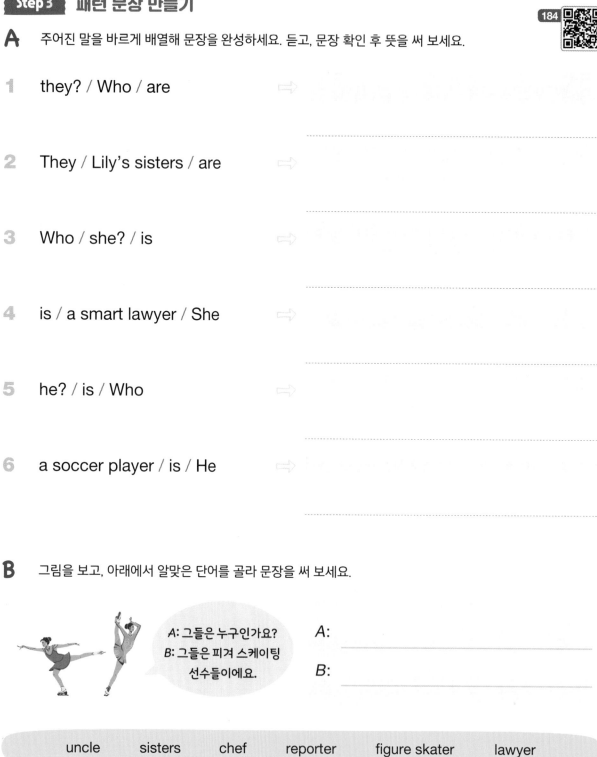

A: 그들은 누구인가요?
B: 그들은 피겨 스케이팅 선수들이에요.

A:

B:

uncle   sisters   chef   reporter   figure skater   lawyer

CHECK!
CHECK!
☐ 첫 글자는 대문자로 썼나요?   ☐ 구두점을 찍었나요?   ☐ 단어와 단어 사이는 띄어 썼나요?

Unit 02 | What is your favorite color?

Step 0 패턴 이해하기

what은 '무엇'이라는 뜻의 의문사로, What is ~?는 '~은 무엇인가요?'라는 의미예요. what 의문문을 만들 때는 be동사를 주어 앞으로 보내서 'What + be동사 + 주어?' 형태로 만들어요. 이렇게 의문사로 시작하는 의문문은 Yes나 No로 대답할 수 없어요.

질문	의문사	be동사	주어	뜻
	What	is	your favorite color?	당신이 가장 좋아하는 색깔은 뭐예요?
대답	주어	be동사	어떠한	뜻
	My favorite color	is	blue.	내가 가장 좋아하는 색깔은 파란색이에요.

Step 1 단어 파악하기 단어를 듣고, 따라 말한 후 써 보세요.

1 **season** 계절

2 **spring** 봄

3 **holiday** 휴일

4 **Christmas** 크리스마스

5 **subject** 과목

6 **city** 도시

7 **London** 런던

8 **watermelon** 수박

A 듣고, 따라 말한 후 완전한 문장을 써 보세요.

1 What + is + your favorite season? ⇨

2 My favorite season + is + spring. ⇨

3 What + is + your favorite subject? ⇨

4 My favorite subject + is + P.E. ⇨

5 What + is + your favorite holiday? ⇨

6 My favorite holiday + is + Christmas. ⇨

B 듣고, 문장의 빈칸을 채운 후 전체 문장을 다시 써 보세요.

1 _____ is your favorite subject? ⇨

2 My _____ subject is science. ⇨

3 _____ your favorite city? ⇨

4 _____ is London. ⇨

5 What _____ favorite fruit? ⇨

6 My favorite _____ watermelon. ⇨

A 주어진 말을 바르게 배열해 문장을 완성하세요. 듣고, 문장 확인 후 뜻을 써 보세요.

1 What / your favorite color? / is ⇨

....

2 blue / is / My favorite color ⇨

....

3 is / What / your favorite subject? ⇨

....

4 My favorite subject / history / is ⇨

....

5 your favorite holiday? / is / What ⇨

....

6 My favorite holiday / Christmas / is ⇨

....

B 그림을 보고, 아래에서 알맞은 단어를 골라 문장을 써 보세요.

A: 당신이 가장 좋아하는 도시는 무엇인가요?
B: 내가 가장 좋아하는 도시는 런던이에요.

A: ....

B: ....

| season | spring | city | holiday | London | watermelon |

🗨 CHECK! CHECK! ☐ 첫 글자는 대문자로 썼나요?　☐ 구두점을 찍었나요?　☐ 단어와 단어 사이는 띄어 썼나요?

Unit 03 What did you do last weekend?

Step 0 **패턴 이해하기**

What did you do last weekend?는 '당신은 지난 주말에 뭐 했어요?'라는 의미예요. 이렇게 일반동사의 what 의문문을 만들 때는 do를 주어 앞으로 보내는데, 여기에서는 시제가 과거이기 때문에 do의 과거형인 did를 주어 앞으로 보내서 'What + did + 주어 + 동사원형 + last weekend?'가 되었어요.

	의문사	do동사의 과거형	주어	동사원형	언제	뜻
질문	What	did	you	do	last weekend?	당신은 지난 주말에 뭐 했어요?
	주어	일반동사의 과거형	무엇			뜻
대답	I	rode	a bike.			나는 자전거를 탔어요.

Step 1 단어 파악하기 표현을 듣고, 따라 말한 후 써 보세요.

189

① **read a book** 책을 읽었다

② **did yoga** 요가를 했다

③ **played chess**
체스를 두었다

④ **visited one's uncle**
~의 삼촌을 방문했다

⑤ **made dinner**
저녁을 만들었다

⑥ **cleaned one's room**
~의 방을 청소했다

⑦ **wrote a letter**
편지를 썼다

⑧ **drew a picture**
그림을 그렸다

⑨ **watched a movie**
영화를 봤다

⑩ **had a party**
파티를 했다

패턴 문장 뼈대 잡기

A 듣고, 따라 말한 후 완전한 문장을 써 보세요.

1 What + did + he + do + last weekend? ⇒

2 He + read + a book. ⇒

3 What + did + they + do + last weekend? ⇒

4 They + watched + a movie. ⇒

5 What + did + she + do + last weekend? ⇒

6 She + made + dinner. ⇒

B 듣고, 문장의 빈칸을 채운 후 전체 문장을 다시 써 보세요.

1 _____ did you do last weekend? ⇒

2 _____ yoga. ⇒

3 _____ she do last weekend? ⇒

4 _____ room. ⇒

5 What _____ last weekend? ⇒

6 They _____ . ⇒

A 주어진 말을 바르게 배열해 문장을 완성하세요. 듣고, 문장 확인 후 뜻을 써 보세요.

1 did / What / do / last weekend? / you ⇨

....

2 drew / I / a picture. ⇨

....

3 did / do / he / last weekend? / What ⇨

....

4 a party / He / had ⇨

....

5 last weekend? / What / they / do / did ⇨

....

6 visited / They / their uncle. ⇨

....

B 그림을 보고, 아래에서 알맞은 단어를 골라 문장을 써 보세요.

A: 당신은 지난 주말에 뭐 했어요?
B: 나는 편지를 썼어요.

A: ....

B: ....

| cleaned | wrote | draw | watched | had | read |

CHECK! CHECK! ☐ 첫 글자는 대문자로 썼나요? ☐ 구두점을 찍었나요? ☐ 단어와 단어 사이는 띄어 썼나요?

Step 0 패턴 이해하기

when은 '언제'라는 뜻의 의문사로, When is ~?는 '~은 언제예요?'라는 의미예요. when 의문문을 만들 때는 be동사를 주어 앞으로 보내서 'When + be동사 + 주어?' 형태로 만들어요. 대답은 '주어 + be동사 + 월 + 일'로 하면 돼요.

질문	의문사	be동사	주어	뜻
	When	**is**	**your birthday?**	당신의 생일은 언제예요?
대답	주어	be동사	월 + 일	뜻
	My birthday	**is**	**September 1.**	내 생일은 9월 1일이에요.

TIP 날짜를 읽을 때는 서수로 읽어야 해요. 예를 들어, September 1은 September first로 읽어야 하죠.

Step 1 단어 파악하기   단어나 표현을 듣고, 따라 말한 후 써 보세요.

1 talent show
장기 자랑

2 school festival
학교 축제

3 field trip
현장 학습

4 sports day
체육 대회

5 school market day
학교 장터날

6 May 3(third)
5월 3일

7 November 10(tenth)
11월 10일

8 April 11(eleventh)
4월 11일

9 June 12(twelfth)
6월 12일

10 October 30(thirtieth)
10월 30일

A 듣고, 따라 말한 후 완전한 문장을 써 보세요.

1 When + is + your birthday? ⇨

2 My birthday + is + September 1. ⇨

3 When + is + the talent show? ⇨

4 The talent show + is + November 10. ⇨

5 When + is + the school festival? ⇨

6 The school festival + is + May 3. ⇨

B 듣고, 문장의 빈칸을 채운 후 전체 문장을 다시 써 보세요.

1 _____ the sports day? ⇨

2 _____ is June 12. ⇨

3 _____ the school market day? ⇨

4 The school market day _____ October 30. ⇨

5 When is _____ ? ⇨

6 The field trip _____ . ⇨

A 주어진 말을 바르게 배열해 문장을 완성하세요. 듣고, 문장 확인 후 뜻을 써 보세요.

1   is / When / the talent show? ⇨

_____

2   is / October 30 / The talent show ⇨

_____

3   the school market day? / When / is ⇨

_____

4   is / The school market day / November 10 ⇨

_____

5   the field trip? / When / is ⇨

_____

6   is / The field trip / May 12 ⇨

_____

B   그림을 보고, 아래에서 알맞은 단어를 골라 문장을 써 보세요.

A: 체육대회는 언제에요?
B: 체육대회는 6월 12일이에요.

A: _____

B: _____

sports day   school festival   field trip   school market day   talent show

CHECK! CHECK!   ☐ 첫 글자는 대문자로 썼나요?   ☐ 구두점을 찍었나요?   ☐ 단어와 단어 사이는 띄어 썼나요?

Unit 05 — When do you get up?

Step 0 패턴 이해하기

when은 '언제'라는 뜻의 의문사로 시각, 요일, 월 등을 물을 때 써요. 일반동사 문장을 의문문으로 만들 때는 do/does를 주어 앞으로 보내서 'When + do[does] + 주어 + 동사원형?' 형태로 만들어요.

	의문사	do동사	주어	동사원형	뜻
질문	When	do	you	get up?	당신은 언제 일어나요?
	When	does	he	go to school?	그는 언제 학교에 가요?
	주어	일반동사	언제	뜻	
대답	I	get up	at six.	나는 6시에 일어나요.	
	He	goes to school	at eight.	그는 8시에 학교에 가요.	

Step 1 단어 파악하기   표현을 듣고, 따라 말한 후 써 보세요.

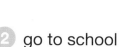

1 have breakfast
아침을 먹다

2 go to school
학교에 가다

3 have lunch
점심을 먹다

4 take a shower
샤워를 하다

5 go to bed
잠자리에 들다

6 come home
집에 오다

7 have dinner
저녁을 먹다

8 do one's homework
숙제하다

9 get up
일어나다

10 have a snack
간식을 먹다

198

A 듣고, 따라 말한 후 완전한 문장을 써 보세요.

1 When + do + you + get up? ⇨

2 I + get up + at six. ⇨

3 When + do + you + have breakfast? ⇨

4 I + have breakfast + at seven. ⇨

5 When + do + you + go to school? ⇨

6 I + go to school + at eight. ⇨

199

B 듣고, 문장의 빈칸을 채운 후 전체 문장을 다시 써 보세요.

1 ＿＿＿＿＿ you have lunch? ⇨

2 ＿＿＿＿＿ lunch at twelve. ⇨

3 ＿＿＿＿＿ take a shower? ⇨

4 ＿＿＿＿＿ a shower at seven thirty. ⇨

5 When ＿＿＿＿＿ to bed? ⇨

6 I ＿＿＿＿＿ at nine. ⇨

A 주어진 말을 바르게 배열해 문장을 완성하세요. 듣고, 문장 확인 후 뜻을 써 보세요.

1   you / come home? / When / do ⇨

....

2   come home / I / at three ⇨

....

3   do / When / do your homework? / you ⇨

....

4   do my homework / I / at five ⇨

....

5   have a snack? / When / you / do ⇨

....

6   at three / have a snack / I ⇨

....

B 그림을 보고, 아래에서 알맞은 표현을 골라 문장을 써 보세요.

A: 너는 저녁 식사를
언제 하니?
B: 나는 7시에 저녁을 먹어.

A:
....

B:
....

| do my homework | have dinner | have lunch | have breakfast | go to bed |

CHECK!
CHECK!   ☐ 첫 글자는 대문자로 썼나요?   ☐ 구두점을 찍었나요?   ☐ 단어와 단어 사이는 띄어 썼나요?

Review Test Unit 01 ~ Unit 05

A 우리말 뜻을 보고, 주어진 철자를 배열해 단어를 바르게 써 보세요.

1 계절 e s a s n o

2 휴일 o h l d i a y

3 그림 i p c u t r e

4 아침식사 r b e k a f s a t

B 그림을 보고, <보기>에서 알맞은 문장을 골라 써 보세요.

1

2

3

4

5

보기

What is your favorite fruit?   What is your favorite season?

When do you get up?   When is your birthday?   When does he go to school?

C 주어진 말을 바르게 배열해 문장을 완성하세요.

1 do / you / have / When / breakfast? ⇨

2 is / Who / she? ⇨

3 the school festival? / When / is ⇨

4 is / your favorite / What / city? ⇨

5 did / we / do / last weekend? / What ⇨

D 문장의 우리말 뜻을 보고, **틀린** 부분을 찾아 알맞게 고쳐 보세요.

1 who Is They? ⇨
그들은 누구예요?

2 what Am Your favorite color? ⇨
당신이 가장 좋아하는 색깔은 뭐예요?

3 When Does You go To bed? ⇨
당신은 언제 잠자리에 들어요?

4 what Are your Favorite subject? ⇨
당신이 가장 좋아하는 과목은 뭐예요?

5 when am The sports Day? ⇨
체육 대회는 언제예요?

6 what did he done Last weekend? ⇨
그는 지난 주말에 뭘 했나요?

How much is this bag?

Step 0 패턴 이해하기

how는 '얼마나, 어떻게'라는 뜻의 의문사로 상태, 정도, 방법 등을 물을 때 사용해요. 여기에서는 'How much + be동사 + 주어?' 패턴을 써서 '~은 얼마예요?'라는 가격을 묻는 표현을 알아볼게요. 대답은 '주어 + be동사 + 가격'을 써서 말할 수 있어요.

	의문사	be동사	주어	뜻
질문	How much	is	this bag?	이 가방은 얼마예요?
	How much	are	these toys?	이 장난감들은 얼마예요? * these this의 복수형
	주어	be동사	얼마(가격)	뜻
대답	It	is	five dollars.	그것은 5달러예요.
	They	are	seven dollars.	그것들은 7달러예요.

Step 1 단어 파악하기 단어를 듣고, 따라 말한 후 써 보세요.

201

① necklace 목걸이

② hairpin 헤어핀

③ piggy bank 저금통

④ sneakers (스니커즈) 운동화

⑤ purse 가방

⑥ pencil case 필통

⑦ soap 비누

⑧ yo-yo 요요

⑨ dollar 달러

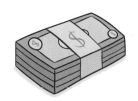

A 듣고, 따라 말한 후 완전한 문장을 써 보세요.

1   How much + is + this sweater? ⇨

2   It + is + fifteen dollars. ⇨

3   How much + are + these sneakers? ⇨

4   They + are + thirty dollars. ⇨

5   How much + is + this necklace? ⇨

6   It + is + twelve dollars. ⇨

B 듣고, 문장의 빈칸을 채운 후 전체 문장을 다시 써 보세요.

1   _____ is this necklace? ⇨

2   _____ twenty dollars. ⇨

3   _____ is this soap? ⇨

4   _____ seven dollars. ⇨

5   How _____ this pencil case? ⇨

6   It _____. ⇨

A 주어진 말을 바르게 배열해 문장을 완성하세요. 듣고, 문장 확인 후 뜻을 써 보세요.

1 How much / this yo-yo? / is   ⇨

2 is / It / five dollars   ⇨

3 this purse? / How much / is   ⇨

4 twenty-five dollars / is / It   ⇨

5 are / these hairpins? / How much   ⇨

6 are / fifteen dollars / They   ⇨

B 그림을 보고, 아래에서 알맞은 단어를 골라 문장을 써 보세요.

A: 이 저금통은 얼마예요?
B: 그것은 10달러예요.

A: _____

B: _____

shirt   hairpin   yo-yo   piggy bank   watch   pencil case

CHECK! CHECK!   ☐ 첫 글자는 대문자로 썼나요?   ☐ 구두점을 찍었나요?   ☐ 단어와 단어 사이는 띄어 썼나요?

Unit 07 How do you go to school?

Step 0 패턴 이해하기

how는 '어떻게'라는 뜻의 의문사로, 방법을 물을 때도 쓸 수 있어요. 일반동사 문장을 의문문으로 만들 때는 do/does를 주어 앞으로 보내서 'How + do[does] + 주어 + 동사원형?' 형태로 만들어요.

	의문사	do 동사	주어	동사원형	뜻
질문	How	do	you	go to school?	당신은 학교에 어떻게 가요?
	How	does	she	go to the post office?	그녀는 우체국에 어떻게 가요?
	주어	일반동사	무엇/어디에	뜻	
대답	I	take	a bus.	나는 버스 타고 가요.	
	She	walks	to the post office.	그녀는 우체국에 걸어서 가요.	

Step 1 단어 파악하기 단어와 표현을 듣고, 따라 말한 후 써 보세요.

205

1 swimming pool 수영장

_____

_____

2 friend's house 친구의 집

_____

_____

3 go to church 교회에 가다

_____

_____

4 playground 놀이터

_____

_____

5 forest 숲

_____

_____

6 ride a bike 자전거를 타다

_____

_____

7 take the subway
지하철을 타다

_____

_____

8 take a taxi
택시를 타다

_____

_____

A 듣고, 따라 말한 후 완전한 문장을 써 보세요.

1 How + does + she + go to school? ⇨

2 She + takes + a bus. ⇨

3 How + do + you + go to church? ⇨

4 I + take + a taxi. ⇨

5 How + do + they + go to the ⇨
swimming pool?

6 They + take + the subway. ⇨

B 듣고, 문장의 빈칸을 채운 후 전체 문장을 다시 써 보세요.

1 _____ she go to the market? ⇨

2 _____ a bike. ⇨

3 _____ he go to the playground? ⇨

4 _____ to the playground. ⇨

5 How _____ to your ⇨
friend's house?

6 I _____ . ⇨

A 주어진 말을 바르게 배열해 문장을 완성하세요. 듣고, 문장 확인 후 뜻을 써 보세요.

208

1 do / to the playground?
/ How / go / they   ⇨

_____

2 They / a bike / ride   ⇨

_____

3 go / to her friend's house?   ⇨
/ does / How / she

_____

4 takes / a bus / She   ⇨

_____

5 does / How / go / he   ⇨
/ to the swimming pool?

_____

6 to the swimming pool / He / walks   ⇨

_____

B 그림을 보고, 아래에서 알맞은 단어나 표현을 골라 문장을 써 보세요.

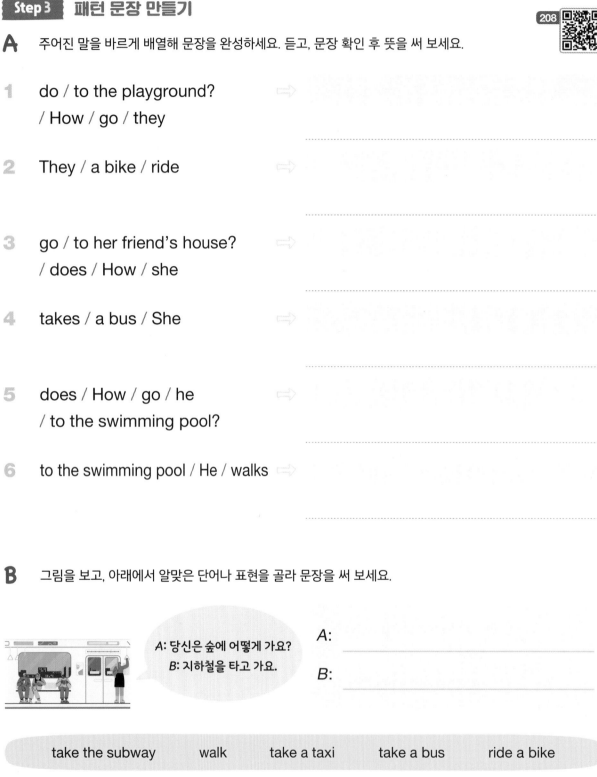

A: 당신은 숲에 어떻게 가요?
B: 지하철을 타고 가요.

A: _____

B: _____

| take the subway | walk | take a taxi | take a bus | ride a bike |

CHECK! CHECK! ☐ 첫 글자는 대문자로 썼나요?   ☐ 구두점을 찍었나요?   ☐ 단어와 단어 사이는 띄어 썼나요?

Unit 08 Where is my key?

Step 0 패턴 이해하기

where는 '어디에'라는 뜻의 의문사로, 무엇이 어디에 있는지 물을 때 쓸 수 있는 표현이에요. be동사가 들어간 where 의문문을 만들 때는 be동사를 주어 앞으로 보내서 'Where + is[are] + 주어?' 형태로 만들어요. where 의문문도 Yes나 No로 대답하지 않아요.

	의문사	be동사	주어	뜻
질문	Where	is	my key?	내 열쇠가 어디에 있나요?
	Where	are	my books?	내 책들은 어디에 있나요?
	주어	be동사	어디에	뜻
대답	It	is	on the desk.	그것은 책상 위에 있어요.
	They	are	on the chair.	그것들은 의자 위에 있어요.

* desk 책상

Step 1 단어 파악하기   단어를 듣고, 따라 말한 후 써 보세요.

1 cap 모자

2 shelf 책꽂이, 선반

3 backpack 배낭

4 belt 벨트

5 sofa 소파

6 mirror 거울

7 gloves 장갑

8 key 열쇠

209

패턴 문장 뼈대 잡기

A 듣고, 따라 말한 후 완전한 문장을 써 보세요.

1 Where + is + my cap? ⇨

2 It + is + on the shelf. ⇨

3 Where + are + my sunglasses? ⇨

4 They + are + on the table. ⇨

5 Where + is + my belt? ⇨

6 It + is + on the sofa. ⇨

B 듣고, 문장의 빈칸을 채운 후 전체 문장을 다시 써 보세요.

1 _____ my mirror? ⇨

2 _____ on the desk. ⇨

3 _____ my gloves? ⇨

4 _____ on the chair. ⇨

5 Where _____ ? ⇨

6 They are _____ . ⇨

Step 3 패턴 문장 만들기

A 주어진 말을 바르게 배열해 문장을 완성하세요. 듣고, 문장 확인 후 뜻을 써 보세요.

1 Where / my / backpack? / is   ➡

------

2 is / It / on the desk   ➡

------

3 are / Where / my sunglasses?   ➡

------

4 are / on the sofa / They   ➡

------

5 are / shoes? / Where / my   ➡

------

6 are / They / on the floor   ➡

B 그림을 보고, 아래에서 알맞은 단어를 골라 문장을 써 보세요.

A: 내 안경은 어디 있어요?
B: 그것은 책상 위에 있어요.

A: _____

B: _____

| gloves | socks | shoes | glasses | cap | watch |

✅ **CHECK! CHECK!**   ☐ 첫 글자는 대문자로 썼나요?   ☐ 구두점을 찍었나요?   ☐ 단어와 단어 사이는 띄어 썼나요?

Unit 09 Where do you live?

Step 0 패턴 이해하기

where는 '어디'라는 뜻의 의문사로, 장소를 물을 때 써요. 일반동사의 where 의문문을 만들 때는 do/does를 주어 앞으로 보내서 'Where + do[does] + 주어 + 동사원형?' 형태로 만들어요.

	의문사	do동사	주어	동사원형	뜻
질문	Where	do	you	live?	당신은 어디에 살아요?
	Where	does	she	live?	그녀는 어디에 살아요?
	주어	일반동사	어디에	뜻	
대답	I	live	in Seoul.	나는 서울에 살아요.	
	She	lives	in Paris.	그녀는 파리에 살아요.	

TIP ~에 산다:
live in + 도시/나라 이름

Step 1 단어 파악하기   단어를 듣고, 따라 말한 후 써 보세요.

213

1 Toronto 토론토

2 Tokyo 도쿄

3 Sydney 시드니

4 Rome 로마

5 New Delhi 뉴델리

6 Beijing 베이징

7 Cape Town 케이프타운

8 Dubai 두바이

9 Cairo 카이로

10 Amsterdam 암스테르담

패턴 문장 뼈대 잡기

A 듣고, 따라 말한 후 완전한 문장을 써 보세요.

1   Where + do + you + live?   ⇨

2   I + live + in + Tokyo.   ⇨

3   Where + does + she + live?   ⇨

4   She + lives + in + Rome.   ⇨

5   Where + do + they + live?   ⇨

6   They + live + in + Amsterdam.   ⇨

B 듣고, 문장의 빈칸을 채운 후 전체 문장을 다시 써 보세요.

1   _____ you live?   ⇨

2   _____ in New Delhi.   ⇨

3   _____ she live?   ⇨

4   _____ in Cairo.   ⇨

5   Where _____?   ⇨

6   He _____.   ⇨

A 주어진 말을 바르게 배열해 문장을 완성하세요. 듣고, 문장 확인 후 뜻을 써 보세요.

1   do / you / live? / Where   ⇨

2   I / in / live / Sydney   ⇨

3   does / Where / she / live?   ⇨

4   in / She / lives / Beijing   ⇨

5   they / live? / Where / do   ⇨

6   live / They / in / Cape Town   ⇨

B 그림을 보고, 아래에서 알맞은 단어를 골라 문장을 써 보세요.

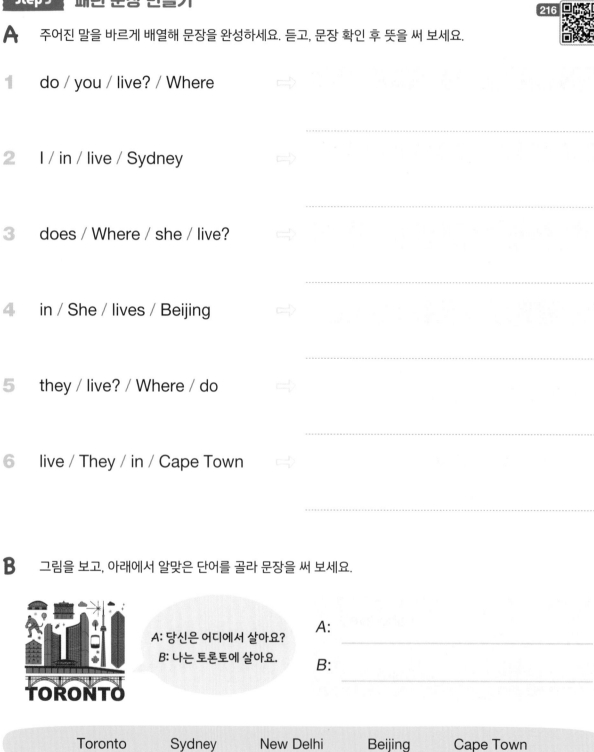

A: 당신은 어디에서 살아요?
B: 나는 토론토에 살아요.

A: _____

B: _____

| Toronto | Sydney | New Delhi | Beijing | Cape Town |

CHECK! CHECK!   ☐ 첫 글자는 대문자로 썼나요?   ☐ 구두점을 찍었나요?   ☐ 단어와 단어 사이는 띄어 썼나요?

Why are you happy?

Step 0 패턴 이해하기

why는 '왜'라는 뜻의 의문사로, 이유를 물을 때 쓸 수 있어요. be동사의 why 의문문을 만들 때는 'Why + be동사 + 주어 ~? 형태로 만들어요. why 의문문에 대한 대답은 '주어 + 동사'로 이유를 말하면 돼요.

	의문사	be동사	주어	어떠한	뜻
질문	Why	are	you	excited?	당신은 왜 신이 났어요?
	Why	is	he	sad?	그는 왜 슬퍼요?
	주어	동사	무엇	뜻	
대답	I	won	the game.	나는 경기를 이겼어요.	
	He	lost	his cat.	그는 그의 고양이를 잃어버렸어요.	

TIP 이유를 나타내는 Because(~ 때문에)를 써서 'Because + 주어 + 동사'로 대답할 수도 있어요.
(ex) A: Why are you excited? (왜 신이 났어요?) B: Because I won the game. (경기를 이겼기 때문에요)

217

Step 1 단어 파악하기   단어와 표현을 듣고, 따라 말한 후 써 보세요.

1 nervous 불안해하는

2 have an important exam 중요한 시험이 있다

3 angry 화난

4 broke the window 창문을 깨뜨렸다

5 tired 피곤한

6 stayed up late 늦게까지 자지 않았다

7 happy 행복한

8 got a rabbit 토끼가 생겼다

A 듣고, 따라 말한 후 완전한 문장을 써 보세요.

1 Why + are + you + nervous? ⇨

2 I + have + an important exam. ⇨

3 Why + is + she + angry? ⇨

4 Her son + broke + the window. ⇨

5 Why + are + they + happy? ⇨

6 They + got + a rabbit. ⇨

B 듣고, 문장의 빈칸을 채운 후 전체 문장을 다시 써 보세요.

1 _____ he tired? ⇨

2 _____ up late. ⇨

3 _____ you excited? ⇨

4 _____ the game. ⇨

5 Why _____? ⇨

6 She _____. ⇨

220

A 주어진 말을 바르게 배열해 문장을 완성하세요. 듣고, 문장 확인 후 뜻을 써 보세요.

1 is / he / Why / angry? ⇨ _____

_____

2 broke / His son / the window ⇨ _____

_____

3 Why / you / sad? / are ⇨ _____

_____

4 lost / I / my dog ⇨ _____

_____

5 are / they / nervous? / Why ⇨ _____

_____

6 have / an exam / They ⇨ _____

_____

B 그림을 보고, 아래에서 알맞은 단어나 표현을 골라 문장을 써 보세요.

A: 너는 왜 기분이 좋니?
B: 나 토끼가 생겼어.

A: _____

B: _____

nervous   happy   worried   got a rabbit   be sick

CHECK!
CHECK! ☐ 첫 글자는 대문자로 썼나요?   ☐ 구두점을 찍었나요?   ☐ 단어와 단어 사이는 띄어 썼나요?

Step 0 패턴 이해하기

why는 '왜'라는 뜻의 의문사로, 이유를 물을 때 써요. 조동사가 있는 why 의문문을 만들 때는 조동사를 주어 앞으로 보내서 'Why + 조동사 + 주어 + 동사원형?' 형태로 만들어요. 대답은 이유를 나타내는 because를 써서 'Because + 주어 + 동사'로 말할 수 있어요.

질문	의문사	조동사	주어	동사원형	무엇	뜻
	Why	should	we	recycle	paper?	우리는 왜 종이를 재활용해야 하나요?
대답	접속사	주어	동사	어떠한	전치사구	뜻
	Because	it	is	good	for the environment.	왜냐하면 환경에 좋기 때문이에요.

TIP should는 '~해야 한다'라는 의무를 나타내는 조동사로 다음에 동사원형을 써요.

Step 1 단어 파악하기 단어와 표현을 듣고, 따라 말한 후 써 보세요.

221

1 recycle 재활용하다

2 health 건강

3 make a schedule 계획을 세우다

4 productivity 생산성

5 read books 책을 읽다

6 imagination 상상력

7 save money 저축하다

8 economy 경제

9 follow 따르다

10 safety 안전

A 듣고, 따라 말한 후 완전한 문장을 써 보세요.

1 Why + should + we + exercise? ⇨

2 Because + it + is + good + for our health. ⇨

3 Why + should + we + make a schedule? ⇨

4 Because + it + is + good + for productivity. ⇨

5 Why + should + we + save money? ⇨

6 Because + it + is + good + for the economy. ⇨

B 듣고, 문장의 빈칸을 채운 후 전체 문장을 다시 써 보세요.

1 _____ we read books? ⇨

2 Because _____ good for our imagination. ⇨

3 _____ we recycle paper? ⇨

4 _____ it is good for the environment. ⇨

5 Why _____ follow the rules? ⇨

6 Because it _____ our safety. ⇨

A 주어진 말을 바르게 배열해 문장을 완성하세요. 듣고, 문장 확인 후 뜻을 써 보세요.

1 should / Why / we / exercise? ⇨

2 is / it / Because / for our health / good ⇨

3 should / Why / save / money? / we ⇨

4 is / Because / good / it / for the economy ⇨

5 make a schedule? / should / Why / we ⇨

6 Because / for productivity / is / good / it ⇨

B 그림을 보고, 아래에서 알맞은 단어를 골라 문장을 써 보세요.

A: 우리는 왜 규칙을 따라야 하나요?
B: 왜냐하면 그것이 우리의 안전에 좋기 때문이에요.

A: _____
B: _____

exercise   imagination   rules   safety   health   environment

CHECK! CHECK! ☐ 첫 글자는 대문자로 썼나요?   ☐ 구두점을 찍었나요?   ☐ 단어와 단어 사이는 띄어 썼나요?

A 우리말 뜻을 보고, 주어진 철자를 배열해 단어를 바르게 써 보세요.

1 비누 o a s p

2 거울 r i m r o r

3 불안해하는 o u n r e v s

4 계획, 일정 c s h d e u e l

B 그림을 보고, <보기>에서 알맞은 문장을 골라 써 보세요.

1

2

3

4

5

보기

How does he go to the post office?   How much is this bag?

Why is she sad?   How much are these toys?   Where is my key?

C 주어진 말을 바르게 배열해 문장을 완성하세요.

1 you / live? / do / Where ⇨

2 is / my cap? / Where ⇨

3 tired? / is / he / Why ⇨

4 is / this necklace? / How much ⇨

5 do / to the swimming pool? ⇨
/ they / go / How

D 문장의 우리말 뜻을 보고, 틀린 부분을 찾아 알맞게 고쳐 보세요.

1 where iS my Gloves? ⇨
내 장갑은 어디에 있나요?

2 how Much are this pencil case? ⇨
이 필통은 얼마예요?

3 why Is You sad? ⇨
당신은 왜 슬퍼요?

4 where do he lives? ⇨
그는 어디에 사나요?

5 why Am they Nervous? ⇨
그들은 왜 불안해하나요?

6 how Do we Goes to the toy store? ⇨
우리는 장난감 가게에 어떻게 가나요?

정답 및 해석

1 be동사 패턴 문장 쓰기

Unit 01 I am a student.
pp. 15~16

Step 2

B 1. I → I am sleepy.

2. I → I am hungry.

3. I am → I am a cook.

4. I am → I am a scientist.

5. busy → I am busy.

6. am a nurse → I am a nurse.

Step 3

A 1. I am hungry. 나는 배가 고파요.

2. I am angry. 나는 화가 나요.

3. I am a cook. 나는 요리사예요.

4. I am a scientist. 나는 과학자예요.

5. I am a doctor. 나는 의사예요.

6. I am tired. 나는 피곤해요.

B I am a firefighter. I am busy.

Unit 02 You are a runner.
pp. 18~19

Step 2

B 1. You → You are a soccer player.

2. You → You are strong.

3. You are → You are a comedian.

4. You are → You are funny.

5. a police officer → You are a police officer.

6. are brave → You are brave.

Step 3

A 1. You are brave. 당신은 용감해요.

2. You are a singer. 당신은 가수예요.

3. You are a comedian. 당신은 코미디언이에요.

4. You are a police officer. 당신은 경찰관이에요.

5. You are a writer. 당신은 작가예요.

6. You are smart. 당신은 똑똑해요.

B You are a writer. You are special.

Unit 03 She is my aunt.
pp. 21~22

Step 2

B 1. She → She is my mother.

2. He → He is my father.

3. She is → She is my sister.

4. He is → He is my brother.

5. my grandmother → She is my grandmother.

6. is my grandfather → He is my grandfather.

Step 3

A 1. She is my mother. 그녀는 나의 엄마예요.

2. He is my father. 그는 나의 아빠예요.

3. She is my aunt. 그녀는 나의 이모/고모예요.

4. He is my uncle. 그는 나의 삼촌이에요.

5. She is my niece. 그녀는[그 애는] 나의 여자 조카예요.

6. He is my nephew. 그는[그 애는] 나의 남자 조카예요.

B He is my cousin. He is smart.

Unit 04 They are my friends.
pp. 24~25

Step 2

B 1. They → They are my teachers.

2. They → They are in the teachers' room.

3. They are → They are my friends.

4. They are → They are in the music room.

5. family → We are family.

6. in the living room → We are in the living room.

Step 3

A 1. They are my classmates. 그들은 내 반 친구들이에요.

2. They are in the music room. 그들은 음악실에 있어요.

3. They are my children. 그들은 내 아이들이에요.

4. They are in the library. 그들은 도서관에 있어요.

5. We are friends. 우리는 친구예요.

6. We are in the garden. 우리는 정원에 있어요.

B They are my cousins. They are in the garden.

Unit 05 This is my dog.
pp. 27~28

Step 2

B 1. This → This is my dog.

2. He → He is cute.

3. This is → This is my turtle.

4. She is → She is slow.

5. my hamster → This is my hamster.

6. is small → He is small.

Step 3

A 1. This is my hamster. 이것은 내 햄스터예요.

2. She is cute. 그녀는[그것은] 귀여워요.

3. This is my rabbit. 이것은 내 토끼예요.

4. He is fluffy. 그는[그것은] 털이 북슬북슬하죠.

5. This is my fish. 이것은 내 물고기예요.

6. She is colorful. 그녀는[그것은] 알록달록해요.

B This is my parrot. She is talkative.

01 Review Test

pp. 29~30

A 1. cook 2. library 3. rabbit 4. slow

B 1. I am a scientist.

2. This is my parrot.

3. They are in the garden.

4. He is my brother.

5. You are a writer.

C 1. He is talkative.

2. They are my children.

3. She is my mother.

4. You are a singer.

5. I am busy.

D 1. I am a firefighter.

2. You are strong.

3. She is my aunt.

4. This is my fish.

5. They are in the garden.

6. We are in the classroom.

Unit 06 **I am not cold.**

pp. 32~33

Step 2

B 1. am → I am not full.

2. am not → I am not thirsty.

3. am not upset → I am not upset.

4. I am not → I am not scared.

5. not cold → I am not cold.

6. am not hurt → I am not hurt.

Step 3

A 1. I am not cold. 나는 춥지 않아요.

2. I am not scared. 나는 무섭지 않아요.

3. I am not bored. 나는 지루하지 않아요.

4. I am not fine. 나는 괜찮지 않아요.

5. I am not thirsty. 나는 목마르지 않아요.

6. I am not full. 나는 배부르지 않아요.

B I am not hurt. I am not upset.

Unit 07 **You are not short.**

pp. 35~36

Step 2

B 1. are not → You are not confident.

2. You are not → You are not clean.

3. not short → You are not short.

4. are not → You are not stupid.

5. not quiet → You are not quiet.

6. are not shy → You are not shy.

Step 3

A 1. You are not shy. 당신은 수줍지 않아요.

2. You are not clean. 당신은 깨끗하지 않아요.

3. You are not noisy. 당신은 시끄럽지 않아요.

4. You are not quiet. 당신은 조용하지 않아요.

5. You are not excited. 당신은 신나지 않아요.

6. You are not short. 당신은 작지 않아요.

B You are not stupid. You are creative.

Unit 08 **He is not in the classroom.**

pp. 38~39

Step 2

B 1. is not → He is not in the classroom.

2. is not in → She is not in the principal's office.

3. in the music room → He is not in the music room.

4. is not → She is not in the pool.

5. not in → He is not in the gym.

6. is not in → She is not in the art room.

A 1. He is not in the science lab. 그는 과학실에 없어요.

2. He is not in the computer room. 그는 컴퓨터실에 없어요.

3. He is not in the music room. 그는 음악실에 없어요.

4. She is not in the classroom. 그녀는 교실에 없어요.

5. She is not in the pool. 그녀는 수영장에 없어요.

6. She is not in the art room. 그녀는 미술실에 없어요.

B She is not in the music room. She is not in the cafeteria.

Unit 09 **They are not at the bakery.**

pp. 41~42

Step 2

B 1. are → They are not at the mall.

2. are not → They are not at the post office.

3. They are not → They are not at the restaurant.

4. are not → We are not at the café.

5. not at the → We are not at the police station.

6. We are not → We are not at the fire station.

Step 3

A 1. They are not at the post office. 그들은 우체국에 없어요.

2. We are not at the museum. 우리는 박물관에 없어요.

3. They are not at the restaurant. 그들은 식당에 없어요.

4. We are not at the toy store. 우리는 장난감 가게에 없어요.

5. We are not at the fire station. 우리는 소방서에 없어요.

6. They are not at the shoe store.
   그들은 신발 가게에 없어요.

B We are not at the police station. We are not at the fire station.

Unit 10 **It is not pink.**

pp. 44~45

Step 2

B 1. is → It is not silver.

2. is not → It is not hard.

3. It is → It is not yellow.

4. is not → It is not rough.

5. not black → It is not black.

6. is not soft → It is not soft.

Step 3

A 1. It is not blue. 그것은 파란색이 아니에요.

2. It is not big. 그것은 크지 않아요.

3. It is not yellow. 그것은 노란색이 아니에요.

4. It is not tough. 그것은 질기지 않아요.

5. It is not orange. 그것은 주황색이 아니에요.

6. It is not hard. 그것은 딱딱하지 않아요.

B It is not silver. It is not round.

02 **Review Test**

pp. 46~47

A 1. shy   2. excited

3. orange   4. restroom

B 1. You are not clean.

2. It is not soft.

3. She is not in the science lab.

4. They are not at the post office.

5. He is not in the music room.

C 1. It is not tough.

2. You are not short.

3. It is not hard.

4. She is not in the art room.

5. They are not at the theater.

D 1. You **are** not weak.

2. He **is** not in the pool.

3. They **are** not at the mall.

4. We **are** not at the police station.

5. It **is** not silver.

6. It **is** not rough.

Unit 11 **Am I late?**

pp. 49~50

Step 2

B 1. Am → Am I lazy?

2. Am I → Am I rude?

3. Am, early → Am I early?

4. Am I quiet → Am I quiet?

5. I kind → Am I kind?

6. Am I funny → Am I funny?

A 1. Am I late? 내가 늦었나요?

2. Am I early? 내가 일찍 왔나요?

3. Am I talented? 내가 재능이 있나요?

4. Am I smart? 내가 똑똑한가요?

5. Am I loud? 내가 시끄러운가요?

6. Am I helpful? 내가 도움이 되나요?

B A: Am I helpful?

B: Yes, you are. Thank you.

Unit 12 **Are you okay?**   pp. 52~53

Step 2

B 1. Are → Are you okay?

2. Are you → Are you an engineer?

3. Are you → Are you in the bedroom?

4. Are you → Are you nervous?

5. you in the → Are you in the office?

6. Are you ready → Are you ready?

Step 3

A 1. Are you brave? 당신은 용감한가요?

2. Are you a pilot? 당신은 조종사인가요?

3. Are you in the car? 당신은 차 안에 있나요?

4. Are you careful? 당신은 조심스러운가요?

5. Are you a chef? 당신은 요리사인가요?

6. Are you in the kitchen? 당신은 주방에 있나요?

B A: Are you in the car?

B: Yes, I am.

Unit 13 **Is he at the café?**   pp. 55~56

Step 2

B 1. Is → Is he at the airport?

2. Is he → Is he at the cinema?

3. Is he → Is he at the dance class?

4. Is she at → Is she at the drawing contest?

5. she at → Is she at the science camp?

6. Is she at → Is she at the riverside?

Step 3

A 1. Is she at the market? 그녀는 시장에 있나요?

2. Is he at the science camp? 그는 과학 캠프에 있나요?

3. Is he at the cinema? 그는 극장에 있나요?

4. Is she at the dance class? 그녀는 댄스 교실에 있나요?

5. Is she at the beach? 그녀는 해변에 있나요?

6. Is he at the rose festival? 그는 장미 축제에 있나요?

B A: Is he at the riverside?

B: No, he isn't. He is at the beach.

Unit 14 **Are they vets?**   pp. 58~59

Step 2

B 1. Are → Are they vets?

2. Are → Are they dancers?

3. Are they → Are they dentists?

4. Are they → Are they farmers?

5. designers → Are they designers?

6. Are they musicians → Are they musicians?

Step 3

A 1. Are they engineers? 그들은 엔지니어들인가요?

2. Are they actors? 그들은 배우들인가요?

3. Are they pilots? 그들은 조종사들인가요?

4. Are they designers? 그들은 디자이너들인가요?

5. Are they volunteers? 그들은 자원봉사자들인가요?

6. Are they dancers? 그들은 댄서들인가요?

B A: Are they astronauts?

B: No, they aren't. They are actors.

Unit 15 **Is it a lion?**   pp. 61~62

Step 2

B 1. Is → Is it an elephant?

2. Is → Is it a koala?

3. Is it → Is it a gorilla?

4. Is it → Is it a zebra?

5. a hippo → Is it a hippo?

6. it a giraffe → Is it a giraffe?

Step 3

A 1. Is it a penguin? 그것은 펭귄인가요?

2. Is it a gorilla? 그것은 고릴라인가요?

3. Is it a tiger? 그것은 호랑이인가요?

4. Is it a monkey? 그것은 원숭이인가요?

5. Is it a koala? 그것은 코알라인가요?

6. Is it an elephant? 그것은 코끼리인가요?

B A: Is it a whale?

B: Yes, it is.

03 Review Test
pp. 63~64

A 1. pilot 2. beach
3. penguin 4. surprised

B 1. Is it a monkey?
2. Are you a bus driver?
3. Is she at the market?
4. Are you in the living room?
5. Is he at the beach?

C 1. Am I rude?
2. Is it a zebra?
3. Are they volunteers?
4. Are you nervous?
5. Is she at the zoo?

D 1. Am I lazy?
2. Is it a koala?
3. Is she at the dance class?
4. Are you an engineer?
5. Is he at the rose festival?
6. Are they vets?

PART 2 일반동사 패턴 문장 쓰기

Unit 01 I want a bag.
pp. 67~68

Step 2

B 1. I want → I want a doll.
2. want, pencil case → I want a pencil case.
3. I want → I want a bag.
4. I, socks → I want socks.

5. want shoes → I want shoes.
6. want glasses → I want glasses.

Step 3

A 1. I want a robot. 나는 로봇을 원해요.
2. I want a doll. 나는 인형을 원해요.
3. I want jeans. 나는 청바지를 원해요.
4. I want socks. 나는 양말을 원해요.
5. I want a ball. 나는 공을 원해요.
6. I want scissors. 나는 가위를 원해요.

B I want a hair band. I want headphones.

Unit 02 You have a fever.
pp. 70~71

Step 2

B 1. You → You have a backache.
2. have → You have an earache.
3. You have → You have the flu.
4. You have → You have a fever.
5. a cold → You have a cold.
6. have a headache → You have a headache.

Step 3

A 1. You have a cough. 당신은 기침을 하는군요.
2. You have a sore throat. 당신은 목이 아프군요.
3. You have the flu. 당신은 독감에 걸렸군요.
4. You have a toothache. 당신은 이가 아프군요.
5. You have a headache. 당신은 머리가 아프군요.
6. You have a stomachache. 당신은 배가 아프군요.

B You have a cough. You have a fever.

Unit 03 He eats breakfast every day.
pp. 73~74

Step 2

B 1. She → She eats dinner every day.
2. He → He drinks juice every day.
3. She eats → She eats snacks every day.
4. He drinks → He drinks tea every day.
5. eats spaghetti → She eats spaghetti every day.
6. drinks milk → He drinks milk every day.

A 1. He eats lunch every day. 그는 매일 점심을 먹어요.

2. She drinks juice every day. 그녀는 매일 주스를 마셔요.

3. She eats breakfast every day. 그녀는 매일 아침을 먹어요.

4. He drinks hot chocolate every day.

그는 매일 핫 초코릿을 마셔요.

5. He eats dinner every day. 그는 매일 저녁을 먹어요.

6. She drinks tea every day. 그녀는 매일 차를 마셔요.

B He drinks coffee every day. She eats ice cream every day.

Unit 04 **She has short curly hair.** pp. 76~77

Step 2

B 1. She → She has a round face.

2. He → He has wavy hair.

3. She has → She has dimples.

4. He has → He has straight hair.

5. brown eyes → She has brown eyes.

6. has blond hair → He has blond hair.

Step 3

A 1. She has short curly hair. 그녀는 짧은 곱슬머리예요.

2. He has black hair. 그는 검은 머리예요.

3. She has straight hair. 그녀는 생머리예요.

4. He has a round face. 그는 둥근 얼굴이에요.

5. She has blond hair. 그녀는 금발이에요.

6. He has long hair. 그는 긴 머리예요.

B She has wavy hair. She has a round face.

Unit 05 **We need some water.** pp. 79~80

Step 2

B 1. We → We need some water.

2. We → We need some rice.

3. We need → We need some pasta.

4. They need → They need some salt.

5. some cream → They need some cream.

6. need some food → They need some food.

Step 3

A 1. We need some sugar. 우리는 설탕이 좀 필요해요.

---

2. We need some broccoli. 우리는 브로콜리가 좀 필요해요.

3. We need some rice. 우리는 쌀이 좀 필요해요.

4. They need some salt. 그들은 소금이 좀 필요해요.

5. They need some yogurt. 그들은 요거트가 좀 필요해요.

6. They need some pasta. 그들은 파스타가 좀 필요해요.

B We need some butter. They need some bread.

---

04 Review Test pp. 81~82

A 1. headache   2. toothache

3. scissors   4. wavy hair

B 1. I want a pencil case.

2. You have a fever.

3. He eats snacks every day.

4. She has blue eyes.

5. We need some salt.

C 1. I want a bag.

2. You have a stomachache.

3. She has dimples.

4. He has blond hair.

5. We need some butter.

D 1. You have a cough.

2. She drinks juice every day.

3. He has blond hair.

4. We need some water.

5. You have an earache.

6. I want glasses.

Unit 06 **I don't like bats.** pp. 84~85

Step 2

B 1. I don't → I don't like bats.

2. I don't → I don't like bees.

3. I don't like → I don't like beans.

4. I don't like → I don't like carrots.

5. like cucumbers → I don't like cucumbers.

6. don't like spiders → I don't like spiders.

Step 3

A 1. I don't like peppers. 나는 고추를 좋아하지 않아요.

2. I don't like beetles. 나는 딱정벌레를 좋아하지 않아요.

3. I don't like olives. 나는 올리브를 좋아하지 않아요.

4. I don't like eggplants. 나는 가지를 좋아하지 않아요.

5. I don't like carrots. 나는 당근을 좋아하지 않아요.

6. I don't like onions. 나는 양파를 좋아하지 않아요.

B I don't like ants. I don't like eggs.

Unit 07 He doesn't play the piano.

pp. 87~88

Step 2

B 1. He doesn't → He doesn't play the piano.

2. She doesn't → She doesn't play the drums.

3. doesn't play → He doesn't play the trumpet.

4. She doesn't play → She doesn't play the harp.

5. play the guitar → He doesn't play the guitar.

6. play the violin → She doesn't play the violin.

Step 3

A 1. She doesn't play the piano.
   그녀는 피아노를 연주하지 않아요.

2. He doesn't play the flute. 그는 플루트를 연주하지 않아요.

3. She doesn't play the cello. 그녀는 첼로를 연주하지 않아요.

4. He doesn't play the harp.
   그는 하프를 연주하지 않아요.

5. She doesn't play the guitar.
   그녀는 기타를 연주하지 않아요.

6. He doesn't play the tambourine.
   그는 탬버린을 연주하지 않아요.

B He doesn't play the triangle. He plays the accordion.

Unit 08 We don't have art class. pp. 90~91

Step 2

B 1. We don't → We don't have math class.

2. They don't → They don't have science class.

3. You don't have
   → You don't have social studies class.

4. We don't have → We don't have computer class.

5. have art class → They don't have art class.

6. don't have music class
   → You don't have music class.

Step 3

A 1. We don't have P.E. class. 우리는 체육 수업이 없어요.

2. They don't have math class. 그들은 수학 수업이 없어요.

3. You don't have history class.
   당신(들)은 역사 수업이 없어요.

4. We don't have geography class.
   우리는 지리 수업이 없어요.

5. They don't have art class. 그들은 미술 수업이 없어요.

6. You don't have writing class.
   당신(들)은 작문 수업이 없어요.

B We don't have science class. They have English class.

Unit 09 Do we have a pencil? pp. 93~94

Step 2

B 1. Do you → Do you have a stapler?

2. Do we → Do we have a soccer ball?

3. Do they have → Do they have a basketball?

4. Do you have → Do you have a colored pencil?

5. have a sketchbook → Do they have a sketchbook?

6. we have, eraser → Do we have an eraser?

Step 3

A 1. Do we have a pencil? 우리가 연필을 가지고 있나요?

2. Do they have a soccer ball?
   그들이 축구공을 가지고 있나요?

3. Do you have a book? 당신은 책을 가지고 있나요?

4. Do we have a colored pencil?
   우리가 색연필을 가지고 있나요?

5. Do they have a sketchbook?
   그들이 스케치북을 가지고 있나요?

6. Do you have an eraser? 당신은 지우개를 가지고 있나요?

B A: Do they have a ruler?
   B: No, they don't.

Unit 10 Does she have a jacket? pp. 96~97

Step 2

B 1. Does he → Does he have a T-shirt?

2. Does she → Does she have a dress?

3. Does he have → Does he have a swimsuit?

4. Does she have → Does she have a hoodie?

5. have a scarf → Does he have a scarf?

6. she have a jacket → Does she have a jacket?

Step 3

A 1. Does she have a blouse? 그녀는 블라우스가 있나요?

2. Does she have a dress? 그녀는 드레스가 있나요?

3. Does she have a skirt? 그녀는 치마가 있나요?

4. Does he have a vest? 그는 조끼가 있나요?

5. Does he have a swimsuit? 그는 수영복이 있나요?

6. Does he have a raincoat? 그는 비옷이 있나요?

B A: Does she have a scarf?

B: No, she doesn't.

05 Review Test
pp. 98~99

A 1. violin   2. triangle

3. history   4. ruler

B 1. I don't like bees.

2. He doesn't play the flute.

3. They don't have social studies class.

4. Do they have a notebook?

5. Do we have a pencil?

C 1. I don't like cucumbers.

2. He doesn't play the tambourine.

3. We don't have music class.

4. You don't have science class.

5. Does he have a swimsuit?

D 1. I don't like beans.

2. He doesn't play the violin.

3. They don't have geography class.

4. We don't have English class.

5. Do they have an eraser?

6. Does she have a blouse?

Unit 01   **Open the window.**
pp. 103~104

Step 2

B 1. Be → Be quiet.

2. Be, please → Be kind, please.

3. Wash your → Wash your hands.

4. your teeth → Brush your teeth.

5. Wear your hat → Wear your hat, please.

6. your umbrella → Take your umbrella.

Step 3

A 1. Tie your shoelaces. 신발끈을 묶으세요.

2. Be kind. 친절하게 하세요.

3. Be quiet, please. 조용히 해 주세요.

4. Wear your hat. 모자를 쓰세요.

5. Brush your teeth, please. 양치 좀 해 주세요.

6. Close the door, please. 문을 닫아 주세요.

B Open the window. Clean your room, please.

Unit 02   **Don't run.**
pp. 106~107

Step 2

B 1. Don't → Don't hit.

2. Don't, please → Don't touch, please.

3. Don't be → Don't be loud.

4. push, please → Don't push, please.

5. Don't enter, please → Don't enter, please.

6. Don't be sorry → Don't be sorry.

Step 3

A 1. Don't be late. 늦지 마세요.

2. Don't jump, please. 점프하지 말아 주세요.

3. Don't enter, please. 들어가지 말아 주세요.

4. Don't be sorry, please. 미안해하지 말아 주세요.

5. Don't run. 뛰지 마세요.

6. Don't touch, please. 만지지 말아 주세요.

B Don't fight. Don't be loud, please.

Unit 03 **Let's play baseball.** pp. 109~110

Step 2

B 1. Let's → Let's play volleyball.

2. Let's → Let's play badminton.

3. Let's fly → Let's fly a kite.

4. Let's play → Let's play soccer.

5. ice cream → Let's eat ice cream.

6. play tennis → Let's play tennis.

Step 3

A 1. Let's play baseball. 우리 야구하자.

2. Let's study math. 우리 수학 공부하자.

3. Let's study English. 우리 영어 공부하자.

4. Let's eat ice cream. 우리 아이스크림 먹자.

5. Let's play tennis. 우리 테니스 치자.

6. Let's play badminton. 우리 배드민턴 치자.

B Let's go outside. Let's build a snowman.

06 Review Test pp. 111~112

A 1. clean   2. touch

3. brush   4. baseball

B 1. Take your umbrella.

2. Don't push.

3. Let's fly a kite.

4. Wash your hands.

5. Don't fight, please.

C 1. Brush your teeth.

2. Let's study English.

3. Wear your hat, please.

4. Let's play tennis.

5. Don't jump.

D 1. Don't be loud.

2. Be quiet, please.

3. Don't run.

4. Let's build a snowman.

5. Don't be late.

6. Open the window.

PART 4 현재진행형 패턴 문장 쓰기

Unit 01 **I am drawing a bird.** pp. 115~116

Step 2

B 1. I am → I am watching a movie.

2. You are → You are drawing a bird.

3. She is watering → She is watering plants.

4. We are coloring → We are coloring a tree.

5. singing songs → They are singing songs.

6. is eating → He is eating a snack.

Step 3

A 1. You are watching a movie. 당신은 영화를 보고 있군요.

2. I am buying a book. 나는 책을 사고 있어요.

3. She is eating ice cream. 그녀는 아이스크림을 먹고 있어요.

4. He is watering plants. 그는 화분에 물을 주고 있어요.

5. We are singing songs. 우리는 노래를 부르고 있어요.

6. They are playing the violins.
그들은 바이올린을 연주하고 있어요.

B I am singing a song. She is building a sandcastle.

Unit 02 **He is not running.** pp. 118~119

Step 2

B 1. I am → I am not jogging.

2. You are → You are not hopping.

3. She is not → She is not sitting.

4. He is not → He is not hugging.

5. not running → We are not running.

6. are not swimming → They are not swimming.

Step 3

A 1. He is not running. 그는 달리고 있지 않아요.

2. She is not jogging. 그녀는 조깅하고 있지 않아요.

3. They are not hopping. 그들은 껑충껑충 뛰고 있지 않아요.

4. We are not swimming. 우리는 수영하고 있지 않아요.

5. They are not winning. 그들은 이기고 있지 않아요.

6. You are not setting the table.
당신은 상을 차리고 있지 않아요.

B They are not hugging. I am not hopping.

Unit 03 **Are they baking cookies?**

pp. 121~122

Step 2

B 1. Are we → Are we smiling brightly?
2. Are they → Are they dancing well?
3. Are you riding → Are you riding a bike?
4. Are they driving → Are they driving a car?
5. hiding a present → Are you hiding a present?
6. they baking cookies → Are they baking cookies?

Step 3

A 1. Are you baking cookies? 당신은 쿠키를 굽고 있나요?
2. Are they riding a bike? 그들은 자전거를 타고 있나요?
3. Are you writing a letter? 당신은 편지를 쓰고 있나요?
4. Are we making a cake? 우리가 케이크를 만들고 있나요?
5. Are we moving fast? 우리가 빨리 움직이고 있나요?
6. Are they dancing well? 그들은 춤을 잘 추고 있나요?

B Are we dancing well? Are they smiling brightly?

Unit 04 **Is he practicing the piano?**

pp. 124~125

Step 2

B 1. Is he → Is he flying a drone?
2. Is she → Is she practicing the piano?
3. Is he feeding → Is he feeding the cats?
4. Is she cooking → Is she cooking dinner?
5. throwing a ball → Is he throwing a ball?
6. she planning → Is she planning a trip?

Step 3

A 1. Is he using a cell phone? 그가 휴대폰을 사용하고 있나요?
2. Is she opening the door? 그녀가 문을 열고 있나요?
3. Is he changing clothes? 그가 옷을 갈아입고 있나요?
4. Is she closing the window? 그녀가 창문을 닫고 있나요?
5. Is she planning a trip?
그녀가 여행을 계획하고 있나요?
6. Is he flying a kite? 그가 연을 날리고 있나요?

B Is he throwing a ball? Is she opening the box?

07 **Review Test**

pp. 126~127

A 1. plant 2. ride
3. hop 4. jog

B 1. She is coloring a tree.
2. You are not cutting the paper.
3. She is not shopping.
4. Are you dancing well?
5. Is he using a cell phone?

C 1. He is watering plants.
2. Are you making a cake?
3. I am not sitting.
4. They are not running.
5. She is eating a snack.

D 1. You are watching a movie.
2. Is he feeding the cats?
3. We are singing songs.
4. He is not swimming.
5. Is she practicing the piano?
6. Are you moving fast?

PART 5 **과거동사 패턴 문장 쓰기**

Unit 01 **I was in France.**

pp. 131~132

Step 2

B 1. I → I was in France.
2. You → You were in Mexico.
3. He was → He was in the U.K.
4. She was → She was in Vietnam.
5. in the U.S. → They were in the U.S.
6. were in Spain → We were in Spain.

Step 3

A 1. I was in India. 나는 인도에 있었어요.
2. You were in China. 당신은 중국에 있었어요.

정답 및 해석 **227**

3. She was in Mexico. 그녀는 멕시코에 있었어요.

4. He was in Canada. 그는 캐나다에 있었어요.

5. We were in Vietnam. 우리는 베트남에 있었어요.

6. They were in Japan. 그들은 일본에 있었어요.

B I was in Singapore. You were in Germany.

Unit 02 **He was not angry.**　pp. 134~135

Step 2

B 1. He → He was not honest.

2. She → She was not mean.

3. They were → They were not calm.

4. We were → We were not responsible.

5. not angry → He was not angry.

6. were not weak → They were not weak.

Step 3

A 1. I was not diligent. 나는 근면하지 않았어요.

2. He was not generous. 그는 관대하지 않았어요.

3. She was not lazy. 그녀는 게으르지 않았어요.

4. We were not positive. 우리는 긍정적이지 않았어요.

5. You were not mean. 당신은 못되게 굴지 않았어요.

6. They were not silly. 그들은 어리석지 않았어요.

B He was not careful. I was not angry.

Unit 03 **Was he at the cinema?**　pp. 137~138

Step 2

B 1. Was → Was he at home?

2. Was → Was she at the festival?

3. Were they → Were they at the beach?

4. Were you → Were you at the flea market?

5. the pajama party → Was I at the pajama party?

6. at the book fair → Were we at the book fair?

Step 3

A 1. Was she at the cinema? 그녀는 영화관에 있었나요?

2. Were you at the beach? 당신은 바닷가에 있었나요?

3. Was I at the book fair? 내가 도서 전시회에 있었나요?

4. Were they at the farm? 그들은 농장에 있었나요?

5. Were we at the concert? 우리가 콘서트에 있었나요?

6. Was he at the festival? 그는 축제에 있었나요?

B Was he at the farm? Were they at the festival?

---

08 **Review Test**　pp. 139~140

A 1. polite　　2. Canada

3. Mexico　　4. festival

B 1. Was he at the book fair?

2. She was in Vietnam.

3. We were not diligent.

4. He was not mean.

5. Were they at the beach?

C 1. He was in the U.S.

2. I was in France.

3. We were not angry.

4. Were you at the flea market?

5. They were not generous.

D 1. They **were** in Germany.

2. **He was** not honest.

3. **Was he** at the book fair?

4. **We were** in the U.K.

5. She **was not** responsible.

6. **Were you** at the pajama party?

Unit 04 **We cleaned the floor.**　pp. 142~143

Step 2

B 1. We → We cleaned the floor.

2. He → He played the violin.

3. She watched → She watched TV.

4. I walked → I walked my dog.

5. wanted the rabbit → They wanted the rabbit.

6. finished the work → You finished the work.

Step 3

A 1. They cleaned the floor. 그들이 바닥을 청소했어요.

2. I walked my dog. 나는 내 개를 산책시켰어요.

3. He wanted the cat. 그는 그 고양이를 원했어요.

4. You visited the museum. 당신은 박물관을 방문했어요.

5. We washed the dishes. 우리는 설거지를 했어요.

6. He started the class. 그는 수업을 시작했어요.

B They visited the zoo. I watched TV.

Unit 05 **I met a friend.**   pp. 145~146

Step 2

B 1. I → I flew a kite.
   2. You → You ate carrots.
   3. He drank → He drank water.
   4. She met → She met a friend.
   5. broke a window → They broke a window.
   6. saw a rabbit → We saw a rabbit.

Step 3

A 1. I met a friend. 나는 친구를 만났어요.
   2. We rode our bikes. 우리는 자전거를 탔어요.
   3. He wrote a letter. 그는 편지를 썼어요.
   4. They sang songs. 그들은 노래를 불렀어요.
   5. She saw a cat. 그녀는 고양이를 봤어요.
   6. You flew a kite. 당신이 연을 날렸어요.

B She saw a coat. I bought a bike.

Unit 06 **They didn't go to the store.**

pp. 148~149

Step 2

B 1. We → We didn't go to the store.
   2. She → She didn't call a friend.
   3. He didn't → He didn't eat a snack.
   4. They didn't → They didn't catch the Frisbee.
   5. take a shower → You didn't take a shower.
   6. didn't send an email → I didn't send an email.

Step 3

A 1. He didn't go to the store.
      그는 가게에 가지 않았어요.
   2. She didn't buy a toy. 그녀는 장난감을 사지 않았어요.
   3. They didn't make a table. 그들은 탁자를 만들지 않았어요.
   4. I didn't ask a question. 나는 질문을 하지 않았어요.
   5. We didn't share a cake.
      우리는 케이크를 나눠 먹지 않았어요.
   6. You didn't send an email.
      당신은 이메일을 보내지 않았어요.

B I didn't call a friend. He didn't send an email.

Unit 07 **Did you buy a ticket?**   pp. 151~152

Step 2

B 1. Did → Did you buy a ticket?
   2. Did → Did he get a haircut?
   3. Did she → Did she wash her pet?
   4. Did we → Did we invite him?
   5. call a doctor → Did you call a doctor?
   6. they bring a chair → Did they bring a chair?

Step 3

A 1. Did she eat an apple? 그녀가 사과를 먹었나요?
   2. Did he call a doctor? 그가 의사에게 전화했나요?
   3. Did you go to a concert? 당신은 콘서트에 갔나요?
   4. Did he get a haircut? 그는 머리를 잘랐나요?
   5. Did they invite him? 그들이 그를 초대했나요?
   6. Did you keep a diary? 당신은 일기를 썼나요?

B Did you finish a book? Did he bring a pencil?

---

09 **Review Test**   pp. 153~154

A 1. diary   2. broke
   3. question   4. shower

B 1. They saw a cat.
   2. He visited the museum.
   3. Did she call a doctor?
   4. He didn't catch the Frisbee.
   5. Did you eat an apple?

C 1. I watched TV.
   2. Did they wash their pet?
   3. She met a friend.
   4. You didn't share a cake.
   5. Did he bring a chair?

D 1. I bought a bike.
   2. We didn't go to the store.
   3. Did she invite him?
   4. She walked his dog.
   5. He washed the dishes.
   6. You didn't make a table.

Unit 01 **I can swim.** pp. 157~158

Step 2

B 1. I can → I can swim.
2. You can → You can jump high.
3. We can run → We can run fast.
4. They can play → They can play tennis.
5. can bounce → He can bounce a ball.
6. can skateboard → She can skateboard.

Step 3

A 1. We can play tennis. 우리는 테니스를 칠 수 있어요.
2. I can jump high. 나는 높이 뛸 수 있어요.
3. You can swim. 당신은 수영할 수 있어요.
4. They can bounce a ball. 그들은 공을 튀길 수 있어요.
5. He can drive. 그는 운전할 수 있어요.
6. She can read fast. 그녀는 빨리 읽을 수 있어요.

B I can speak English. He can answer the question.

Unit 02 **He can't go to the gym.** pp. 160~161

Step 2

B 1. I can't → I can't go to the zoo.
2. He can't → He can't drive a truck.
3. She can't climb → She can't climb the ladder.
4. We can't find → We can't find the watch.
5. speak French → You can't speak French.
6. can't make → They can't make a fire.

Step 3

A 1. I can't fix cars. 나는 차를 고칠 수 없어요.
2. She can't drive a truck. 그녀는 트럭을 운전할 수 없어요.
3. We can't climb the tree.
우리는 나무에 올라갈 수 없어요.
4. She can't open the door. 그녀는 문을 열 수 없어요.
5. You can't find the book. 당신은 그 책을 찾을 수 없어요.

6. They can't speak Spanish.
그들은 스페인어를 말할 수 없어요.

B I cannot/can't go to the gym.
He cannot/can't speak English.

Unit 03 **Can you wink?** pp. 163~164

Step 2

B 1. Can → Can you wink?
2. Can you → Can you whistle?
3. Can it → Can it fly?
4. Can he leap → Can he leap like a frog?
5. they run → Can they run like a cheetah?
6. she play golf → Can she play golf?

Step 3

A 1. Can we bake cookies? 우리가 쿠키를 구울 수 있나요?
2. Can they whistle? 그들은 휘파람을 불 수 있나요?
3. Can he see the moon? 그가 달을 볼 수 있나요?
4. Can they play tennis? 그들은 테니스를 칠 수 있나요?
5. Can you roll your eyes? 당신은 눈을 굴릴 수 있나요?
6. Can she leap like a frog? 그녀는 개구리처럼 뛸 수 있나요?

B Can you bake a cake? Can he run like a cheetah?

10 **Review Test** pp. 165~166

A 1. climb 2. fix
3. leap 4. wink

B 1. You can fix toys.
2. They can't close the drawer.
3. Can he play golf?
4. He can bounce a ball.
5. Can she bake cookies?

C 1. He can't fix cars.
2. We can swim.
3. Can she make a snowman?
4. She can skateboard.
5. You cannot climb the ladder.

D 1. She can't **drive** a car.

   2. They **can run** fast.

   3. I **can play** tennis.

   4. You **can go** now.

   5. We can't **find** the watch.

   6. Can **he see** the moon?

Unit 04   **I will go to the festival.** pp. 168~169

Step 2

B 1. You will → You will go to the library.

   2. I will → I will borrow books.

   3. She will go → She will go to the beach.

   4. He will make → He will make a sandcastle.

   5. will go to → We will go to the café.

   6. will drink cocoa → They will drink cocoa.

Step 3

A 1. I will go to the festival. 나는 축제에 갈 거예요.

   2. You will sing a song. 당신이 노래를 부를 거예요.

   3. He will go to the café. 그는 카페에 갈 거예요.

   4. She will drink cocoa. 그녀는 코코아를 마실 거예요.

   5. We will go to the beach. 우리는 해변에 갈 거예요.

   6. They will make a sandcastle. 그들은 모래성을 쌓을 거예요.

B I will go to the cinema. I will watch an action movie.

Unit 05   **He won't go to the bakery.**

pp. 171~172

Step 2

B 1. He won't → He won't go to the bakery.

   2. I won't → I won't go to Paris.

   3. She won't → She won't exercise.

   4. They won't visit → They won't visit the farm.

   5. go camping → We won't go camping.

   6. won't wear → You won't wear a jacket.

Step 3

A 1. She won't go to the bakery. 그녀는 빵집에 가지 않을 거예요.

   2. I won't go for a walk. 나는 산책하러 가지 않을 거예요.

   3. He won't visit the farm.

      그는 농장을 방문하지 않을 거예요.

   4. We won't touch the animals.

우리는 동물들을 만지지 않을 거예요.

   5. They won't go camping. 그들은 캠핑을 가지 않을 거예요.

   6. She won't miss the bus.

      그녀는 버스를 놓치지 않을 거예요.

B I will not/won't exercise. I will not/won't go to the library.

Unit 06   **Will it be rainy tomorrow?**

pp. 174~175

Step 2

B 1. Will → Will it be rainy tomorrow?

   2. Will → Will they bring an umbrella?

   3. Will it → Will it be cloudy tomorrow?

   4. Will you → Will you bring a jacket?

   5. be windy → Will it be windy tomorrow?

   6. we need → Will we need a sweater?

Step 3

A 1. Will it be sunny tomorrow? 내일 날씨가 화창할까요?

   2. Will you bring sunglasses?

      당신은 선글라스를 가져올 건가요?

   3. Will it be rainy tomorrow? 내일 비가 올까요?

   4. Will he bring an umbrella? 그가 우산을 가져올까요?

   5. Will it be windy tomorrow? 내일 바람이 불까요?

   6. Will she bring a jacket? 그녀가 재킷을 가져올까요?

B Will it be cloudy tomorrow? Will you bring a jacket tomorrow?

11 Review Test pp. 176~177

A 1. fruit   2. snowy

   3. exercise   4. cloudy

B 1. I will not go to Paris.

   2. We won't visit the farm.

   3. Will they bring sunglasses?

   4. She will buy some fruits.

   5. Will it be snowy tomorrow?

C 1. I will borrow books.

   2. He won't go to the gym.

3. They will go to the beach.

4. Will they bring an umbrella?

5. Will we need a sweater?

D 1. Will **he stay** home?

2. She will **drink** cocoa.

3. **We will go** to the cinema.

4. They won't **go** camping.

5. Will **it be** windy tomorrow?

6. I will **watch an** action movie.

PART 7 의문사 의문문 패턴 문장 쓰기

Unit 01 **Who is she?**
pp. 181~182

Step 2

B 1. Who → Who is she?

2. She is → She is a new student.

3. Who is → Who is he?

4. He is → He is a famous chef.

5. are they → Who are they?

6. are reporters → They are reporters.

Step 3

A 1. Who are they? 그들은 누구인가요?

2. They are Lily's sisters. 그들은 릴리의 자매들이에요.

3. Who is she? 그녀는 누구인가요?

4. She is a smart lawyer. 그녀는 영리한 변호사예요.

5. Who is he? 그는 누구인가요?

6. He is a soccer player. 그는 축구 선수예요.

B A: Who are they?

B: They are figure skaters.

Unit 02 **What is your favorite color?**
pp. 184~185

Step 2

B 1. What → What is your favorite subject?

2. favorite → My favorite subject is science.

3. What is → What is your favorite city?

4. My favorite city → My favorite city is London.

5. is your → What is your favorite fruit?

6. fruit is → My favorite fruit is watermelon.

Step 3

A 1. What is your favorite color?
당신이 가장 좋아하는 색은 뭐예요?

2. My favorite color is blue.
내가 가장 좋아하는 색은 파란색이에요.

3. What is your favorite subject?
당신이 가장 좋아하는 과목은 뭐예요?

4. My favorite subject is history.
내가 가장 좋아하는 과목은 역사예요.

5. What is your favorite holiday?
당신이 가장 좋아하는 휴일은 뭐예요?

6. My favorite holiday is Christmas.
내가 가장 좋아하는 휴일은 크리스마스예요.

B A: What is your favorite city?

B: My favorite city is London.

Unit 03 **What did you do last weekend?**
pp. 187~188

Step 2

B 1. What → What did you do last weekend?

2. I did → I did yoga.

3. What did → What did she do last weekend?

4. She cleaned her → She cleaned her room.

5. did they do → What did they do last weekend?

6. played chess → They played chess.

Step 3

A 1. What did you do last weekend?
당신은 지난 주말에 뭐 했어요?

2. I drew a picture. 나는 그림을 그렸어요.

3. What did he do last weekend?
그는 지난 주말에 뭐 했어요?

4. He had a party. 그는 파티를 했어요.

5. What did they do last weekend?
그들은 지난 주말에 뭐 했어요?

6. They visited their uncle.

그들은 그들의 삼촌을 방문했어요.

B A: What did you do last weekend?
B: I wrote a letter.

<hr>

Unit 04 **When is your birthday?** pp. 190~191

Step 2

B 1. When is → When is the sports day?
  2. The sports day → The sports day is June 12.
  3. When is → When is the school market day?
  4. is → The school market day is October 30.
  5. the field trip → When is the field trip?
  6. is April 11 → The field trip is April 11.

Step 3

A 1. When is the talent show? 장기 자랑이 언제예요?
  2. The talent show is October 30.
    장기 자랑은 10월 30일이에요.
  3. When is the school market day? 학교 장터날은 언제예요?
  4. The school market day is November 10.
    학교 장터날은 11월 10일이에요.
  5. When is the field trip? 현장 학습은 언제예요?
  6. The field trip is May 12. 현장 학습은 5월 12일이에요.

B A: When is the sports day?
B: The sports day is June 12.

<hr>

Unit 05 **When do you get up?** pp. 193~194

Step 2

B 1. When do → When do you have lunch?
  2. I have → I have lunch at twelve.
  3. When do you → When do you take a shower?
  4. I take → I take a shower at seven thirty.
  5. do you go → When do you go to bed?
  6. go to bed → I go to bed at nine.

Step 3

A 1. When do you come home? 당신은 집에 언제 와요?
  2. I come home at three. 나는 3시에 집에 와요.
  3. When do you do your homework?
    당신은 언제 숙제를 하나요?
  4. I do my homework at five. 나는 5시에 숙제를 해요.

  5. When do you have a snack? 당신은 언제 간식을 먹나요?
  6. I have a snack at three. 나는 3시에 간식을 먹어요.

B A: When do you have dinner?
B: I have dinner at seven.

<hr>

12 **Review Test** pp. 195~196

A 1. season 2. holiday 3. picture 4. breakfast

B 1. What is your favorite fruit?
  2. When do you get up?
  3. What is your favorite season?
  4. When is your birthday?
  5. When does he go to school?

C 1. When do you have breakfast?
  2. Who is she?
  3. When is the school festival?
  4. What is your favorite city?
  5. What did we do last weekend?

D 1. Who **are** they?
  2. What **is** your favorite color?
  3. When **do** you go to bed?
  4. What **is** your favorite subject?
  5. When **is** the sports day?
  6. What did he **do** last weekend?

<hr>

Unit 06 **How much is this bag?** pp. 198~199

Step 2

B 1. How much → How much is this necklace?
  2. It is → It is twenty dollars.
  3. How much → How much is this soap?
  4. It is → It is seven dollars.
  5. much is → How much is this pencil case?
  6. is seven dollars → It is twelve dollars.

Step 3

A 1. How much is this yo-yo? 이 요요는 얼마예요?
  2. It is five dollars. 그것은 5달러예요.
  3. How much is this purse? 이 지갑은 얼마예요?
  4. It is twenty-five dollars. 그것은 25달러예요.

5. How much are these hairpins? 이 머리핀들은 얼마예요?

6. They are fifteen dollars. 그것들은 15달러예요.

B A: How much is this piggy bank?

B: It is ten dollars.

Unit 07 **How do you go to school?**

pp. 201~202

Step 2

B 1. How does → How does she go to the market?

2. She rides → She rides a bike.

3. How does → How does he go to the playground?

4. He walks → He walks to the playground.

5. do you go → How do you go to your friend's house?

6. take a taxi → I take a taxi.

Step 3

A 1. How do they go to the playground?
   그들은 운동장에 어떻게 가요?

2. They ride a bike. 그들은 자전거를 타요.

3. How does she go to her friend's house?
   그녀는 친구 집에 어떻게 가요?

4. She takes a bus. 그녀는 버스를 타요.

5. How does he go to the swimming pool?
   그는 수영장에 어떻게 가요?

6. He walks to the swimming pool. 그는 수영장에 걸어가요.

B A: How do you go to the forest?

B: I take the subway.

Unit 08 **Where is my key?**

pp. 204~205

Step 2

B 1. Where is → Where is my mirror?

2. It is → It is on the desk.

3. Where are → Where are my gloves?

4. They are → They are on the chair.

5. are my socks → Where are my socks?

6. on the bed → They are on the bed.

Step 3

A 1. Where is my backpack? 내 배낭은 어디 있어요?

2. It is on the desk. 그것은 책상 위에 있어요.

3. Where are my sunglasses? 내 선글라스는 어디 있어요?

4. They are on the sofa. 그것은 소파 위에 있어요.

5. Where are my shoes? 내 신발은 어디 있어요?

6. They are on the floor. 그것은 바닥에 있어요.

B A: Where are my glasses?

B: They are on the desk.

Unit 09 **Where do you live?**

pp. 207~208

Step 2

B 1. Where do → Where do you live?

2. I live → I live in New Delhi.

3. Where does → Where does she live?

4. She lives → She lives in Cairo.

5. does he live → Where does he live?

6. lives in Dubai → He lives in Dubai.

Step 3

A 1. Where do you live? 당신은 어디에 살아요?

2. I live in Sydney. 나는 시드니에 살아요.

3. Where does she live? 그녀는 어디에 살아요?

4. She lives in Beijing. 그녀는 베이징에 살아요.

5. Where do they live? 그들은 어디에 살아요?

6. They live in Cape Town. 그들은 케이프타운에 살아요.

B A: Where do you live?

B: I live in Toronto.

Unit 10 **Why are you happy?**

pp. 210~211

Step 2

B 1. Why is → Why is he tired?

2. He stayed → He stayed up late.

3. Why are → Why are you excited?

4. I won → I won the game.

5. is she sad → Why is she sad?

6. lost her cat → She lost her cat.

Step 3

A 1. Why is he angry? 그는 왜 화가 났나요?

2. His son broke the window.
   그의 아들이 유리창을 깼어요.

3. Why are you sad? 당신은 왜 슬퍼요?

4. I lost my dog. 내 강아지를 잃어버렸어요.

5. Why are they nervous? 그들은 왜 불안해하나요?

6. They have an exam. 그들이 시험이 있어요.

B A: Why are you happy?

B: I god a rabbit.

Unit 11 Why should we recycle paper?

pp. 213~214

Step 2

B 1. Why should → Why should we read books?

2. it is → Because it is good for our imagination.

3. Why should → Why should we recycle paper?

4. Because → Because it is good for the environment.

5. should we → Why should we follow the rules?

6. is good for → Because it is good for our safety.

Step 3

A 1. Why should we exercise? 우리는 왜 운동을 해야 하나요?

2. Because it is good for our health.
왜냐하면 그것이 우리의 건강에 좋기 때문이에요.

3. Why should we save money?
우리는 왜 저축해야 하나요?

4. Because it is good for the economy.
왜냐하면 그것은 경제에 좋기 때문이에요.

5. Why should we make a schedule?
우리는 왜 계획을 세워야 하나요?

6. Because it is good for productivity.
왜냐하면 그것은 생산성에 좋기 때문이에요.

B A: Why should we follow the rules?

B: Because it is good for our safety.

13 Review Test

pp. 215~216

A 1. soap   2. mirror

3. nervous   4. schedule

B 1. Where is my key?

2. How much is this bag?

3. Why is she sad?

4. How much are these toys?

5. How does he go to the post office?

C 1. Where do you live?

2. Where is my cap?

3. Why is he tired?

4. How much is this necklace?

5. How do they go to the swimming pool?

D 1. Where are my gloves?

2. How much is this pencil case?

3. Why are you sad?

4. Where does he live?

5. Why are they nervous?

6. How do we go to the toy store?

정답 및 해석 **235**